科学出版社"十四五"普通高等教育本科规划教材

人力资源管理实验实训教程

王 娜 王 倩 主编

科学出版社
北京

内 容 简 介

本教材全面覆盖了人力资源管理核心领域的实训教程,包括组织设计、人力资源规划、招聘管理、人事管理、培训管理、考勤管理、绩效考核、奖惩管理、保险与福利管理、薪酬管理等,教材特设"实训"环节,引导学生通过模拟人力资源管理真实环境进行角色扮演、情景模拟,实际操作人力资源管理的各项任务,通过大量的实验任务,帮助读者深入理解人力资源管理的各项职能,熟悉人力资源管理的基本工作内容,掌握人力资源管理各环节工作的工作流程和操作方法,并在实际工作中运用所学知识解决问题。通过本教材的学习,读者不仅能够掌握人力资源管理的基本理论,还能够获得丰富的实践操作经验,为将来的职业生涯打下坚实的基础。

本教材集理论与实训于一体,适用于高等院校公共管理类及相关专业的学生使用,也适合企业内部培训及人力资源从业人员进行自我提升。

图书在版编目(CIP)数据

人力资源管理实验实训教程 / 王娜,王倩主编. -- 北京:科学出版社, 2024. 12. --(科学出版社"十四五"普通高等教育本科规划教材).
ISBN 978-7-03-080127-2

Ⅰ. F243

中国国家版本馆 CIP 数据核字第 2024H8332Z 号

责任编辑:方小丽 / 责任校对:姜丽策
责任印制:张 伟 / 封面设计:有道设计

科学出版社 出版
北京东黄城根北街 16 号
邮政编码:100717
http://www.sciencep.com

北京富资园科技发展有限公司印刷
科学出版社发行 各地新华书店经销

*

2024 年 12 月第 一 版　开本:787×1092　1/16
2024 年 12 月第一次印刷　印张:13
字数:308 000
定价:78.00 元
(如有印装质量问题,我社负责调换)

编写委员会

主　编　王　娜　王　倩

副主编　史亚菊　穆闯录　王　燕　陈晓军

参　编　王　兵　崔彩贤　薛岩龙　鲍　东
　　　　　洪　斌　赵　笑　赵启超

前　言

党的二十大报告指出："我们要坚持教育优先发展、科技自立自强、人才引领驱动，加快建设教育强国、科技强国、人才强国，坚持为党育人、为国育才，全面提高人才自主培养质量，着力造就拔尖创新人才，聚天下英才而用之。"[①]教材是教学内容的主要载体，是教学的重要依据、培养人才的重要保障。在优秀教材的编写道路上，我们一直在努力。

2017年，编写团队在西北农林科技大学出版社出版了《人力资源管理实训教程》，此次在该版的基础上进行了全面修订，并由科学出版社出版，旨在为人力资源管理实训提供更加全面、实用和深入的指导。

本教材的内容涵盖了人力资源管理的理论和实践。第1章系统地介绍了人力资源管理的定义和作用，人力资源管理的发展历程及功能和特点，为读者提供基本的理论知识；第2章介绍了本教材使用的实验实训系统，同时为后续的实训提供基础的配置；第3章至第14章系统地介绍了人力资源管理实验系统的使用、不同角色的职责权限，读者通过实验，可以深入地了解人力资源管理中的实践问题，锻炼解决问题的能力和团队合作精神，通过模拟和角色扮演，亲身体验人力资源管理中的各项工作和各个环节，提升自己的管理能力和沟通能力。在实验章节，本教材为读者配备了基本的实验数据，供读者进一步学习和实践。第15章系统地探讨了国际人力资源管理的特点和挑战、跨文化管理与国际人才招聘、国际劳动法律与跨国企业管理，以及国际人力资源管理的发展趋势，为从事国际人力资源管理的从业者提供帮助和借鉴。

本教材的编写离不开编写团队的辛勤工作，每位编写人员均参与了章节内容的设计、撰写以及实训数据的撰写、实验过程截图的整理，为本教材的完成提供了策略和智慧，确保了教材的高质量和实用性，在此，向所有参与本教材编写的团队成员表示衷心的感谢，你们的贡献使得教材的内容更加全面和实用。

最后，感谢所有读者对本教材的支持和关注，希望本教材能够成为您学习和实践的有力工具，帮助您在人力资源管理领域取得更好的成绩和发展，也希望本教材能够成为人力资源管理从业人员的实用手册，为他们提供实践指导和问题解决的思路。

祝愿大家在学习和工作中都能够充分发挥自己的潜力，成为优秀的人力资源管理者，再次感谢大家对本教材的支持和关注！

王　娜
2024年10月31日

---

① 引自2022年10月26日《人民日报》第1版的文章：《高举中国特色社会主义伟大旗帜　为全面建设社会主义现代化国家而团结奋斗》。

目 录

第1章 人力资源管理概述 ··· 1
  1.1 人力资源管理的定义和作用 ·· 1
  1.2 人力资源管理的发展历程 ··· 2
  1.3 人力资源管理的功能和特点 ·· 3
第2章 人力资源管理实验实训系统配置 ·· 5
  2.1 系统综述 ·· 5
  2.2 实验指导 ·· 6
第3章 组织设计 ·· 18
  3.1 组织设计的概念、主要内容及主要作用 ·· 18
  3.2 系统综述 ·· 19
  3.3 实验指导 ·· 20
  3.4 相关知识 ·· 25
第4章 人力资源规划 ·· 27
  4.1 人力资源规划的概念和目标 ·· 27
  4.2 系统综述 ·· 28
  4.3 实验指导 ·· 29
  4.4 相关知识 ·· 37
第5章 招聘管理 ·· 41
  5.1 招聘管理的概念及任务 ·· 41
  5.2 系统综述 ·· 42
  5.3 实验指导 ·· 43
  5.4 相关知识 ·· 59
第6章 人事管理 ·· 61
  6.1 人事管理的概念及作用 ·· 61
  6.2 系统综述 ·· 62
  6.3 实验指导 ·· 63
  6.4 相关知识 ·· 69
第7章 培训管理 ·· 72
  7.1 培训管理的概念、主要内容及作用 ·· 72
  7.2 系统综述 ·· 73
  7.3 实验指导 ·· 74
  7.4 相关知识 ·· 85
第8章 考勤管理 ·· 87
  8.1 考勤管理的概念、主要内容及作用 ·· 87
  8.2 系统综述 ·· 88
  8.3 实验指导 ·· 89
第9章 绩效考核 ·· 98
  9.1 绩效考核的概念、主要内容及作用 ·· 98

9.2 系统综述 ··· 99
9.3 实验指导 ·· 100
第 10 章 奖惩管理 ·· 109
10.1 奖惩管理的概念、主要内容及作用 ·· 109
10.2 系统综述 ·· 111
10.3 实验指导 ·· 112
第 11 章 保险与福利管理 ··· 117
11.1 保险的概念、内涵及类型 ··· 117
11.2 福利的概念、内涵及类型 ··· 118
11.3 保险与福利管理的概念及作用 ··· 119
11.4 系统综述 ·· 120
11.5 实验指导 ·· 121
11.6 相关知识 ·· 131
第 12 章 薪酬管理 ·· 134
12.1 薪酬管理的概念、主要内容及作用 ·· 134
12.2 系统综述 ·· 135
12.3 实验指导 ·· 136
第 13 章 成本中心管理 ·· 145
13.1 成本的概念及类别 ··· 145
13.2 成本中心管理的概念、内涵及作用 ·· 145
13.3 系统综述 ·· 147
13.4 实验指导 ·· 148
第 14 章 我的工作 ·· 153
14.1 我的工作的概念及内容 ·· 153
14.2 系统综述 ·· 154
14.3 实验指导 ·· 155
第 15 章 国际人力资源管理 ··· 160
15.1 国际人力资源管理的特点和挑战 ··· 160
15.2 跨文化管理与国际人才招聘 ··· 164
15.3 国际劳动法律与跨国企业管理 ·· 170
15.4 国际人力资源管理的发展趋势 ·· 175
参考文献 ··· 182
附录 A 背景案例 ·· 184
附录 B 实验案例数据 ·· 186
B1 系统配置 ·· 186
B2 组织设计 ·· 189
B3 人力资源规划 ··· 190
B4 招聘管理 ·· 192
B5 人事管理 ·· 194
B6 培训管理 ·· 195
B7 考勤管理 ·· 197
B8 绩效考核 ·· 198
B9 奖惩管理 ·· 198
B10 保险与福利管理 ·· 198
B11 薪酬管理 ·· 199
后记 ·· 200

第1章　人力资源管理概述

人力资源管理（human resource management，HRM）是指组织为了实现自身战略目标而对员工进行招聘、培训、激励和管理的过程。人力资源管理是组织管理中至关重要的一部分，它涉及管理组织中的人力资源，以确保员工能够充分发挥其潜力，为组织的成功做出贡献。人力资源管理的目标是通过合理的人力资源配置和有效的人力资源开发，使员工能够适应组织的变化和发展，提高员工的工作效率和质量，从而实现组织的战略目标。人力资源管理涉及多个方面，包括招聘和选拔、培训和发展、绩效管理、薪酬管理、劳动关系管理、福利管理等。

1.1　人力资源管理的定义和作用

人力资源管理是指组织为了实现自身战略目标而对员工进行招聘、培训、激励和管理的过程。它涉及管理组织中的人力资源，以确保员工能够充分发挥其潜力，为组织的成功做出贡献。

人力资源管理的作用主要体现在以下几个方面。

（1）人力资源规划和招聘：人力资源管理帮助组织进行人力资源规划，确定组织所需的人力资源数量和质量，并通过招聘合适的人才来满足这些需求。

（2）培训和发展：人力资源管理通过提供培训和发展机会，帮助员工提升技能和知识水平，适应组织的变化和发展，提高员工的工作效率和质量。

（3）绩效管理：人力资源管理制定明确的绩效标准和评估机制，对员工的工作表现进行评估和反馈，以激励员工的积极性和创造力，提高员工的工作质量和效率。

（4）薪酬管理：人力资源管理制定公正合理的薪酬体系，根据员工的工作表现和贡献给予相应的薪酬激励，以吸引和留住优秀的人才。

（5）劳动关系管理：人力资源管理与员工代表或工会进行协商和沟通，维护良好的劳动关系，解决劳动纠纷，提高员工的工作满意度和忠诚度。

（6）福利管理：人力资源管理为员工提供各种福利待遇，如医疗保险、养老保险、假期等，提高员工的福利水平和生活质量，增强员工的归属感和忠诚度。

（7）人力资源信息系统管理：人力资源管理建立和维护人力资源信息系统，管理和分析员工的人力资源数据，为组织的决策提供支持。

人力资源管理的定义是对组织中的人力资源进行有效管理和利用，以实现组织的战略目标。它的作用是通过合理的人力资源配置和有效的人力资源开发，提高员工的工作效率和质量，为组织的成功做出贡献。

1.2 人力资源管理的发展历程

人力资源管理的发展历程可以追溯到 20 世纪初。随着工业化和组织规模的扩大，人力资源管理逐渐成为组织管理的重要领域。以下是人力资源管理发展的主要里程碑和关键阶段。

1. 第一阶段：人力资源管理的起源（20 世纪初至 20 世纪 40 年代）

人力资源管理的起源可以追溯到 20 世纪初的科学管理运动。在这一时期，弗雷德里克·温斯洛·泰勒（Frederick Winslow Taylor）提出了科学管理理论，强调通过科学的方法来提高工作效率。此后，组织开始更加重视对员工的管理和激励，出现了一些早期的人力资源管理实践，如工资制度改革、工时管理等。

2. 第二阶段：人力资源管理的职能建立（20 世纪 50 年代至 20 世纪 70 年代）

在 20 世纪 50 年代至 70 年代，人力资源管理逐渐成为一种独立的管理职能，并开始在组织中得到重视。这一时期，人力资源管理开始关注员工的招聘、培训和激励，以及劳动关系的管理。人力资源部门开始成立，负责协调和管理组织中的人力资源事务。

3. 第三阶段：人力资源管理的专业化（20 世纪 80 年代至 20 世纪 90 年代）

在 20 世纪 80 年代至 90 年代，人力资源管理逐渐专业化，并开始引入一些新的管理理念和工具。这一时期，人力资源管理开始关注员工的绩效管理、薪酬管理和福利管理。同时，一些新的管理理论和方法，如人力资源规划、员工参与和团队建设等，也被引入到人力资源管理实践中。

4. 第四阶段：人力资源管理的战略化（21 世纪初期）

进入 21 世纪，人力资源管理逐渐从一种支持性的职能转变为战略性的管理活动。人力资源管理开始与组织的战略目标紧密结合，通过合理的人力资源配置和发展，为组织的竞争优势提供支持。这一时期，人力资源管理开始注重员工的发展和激励，推动员工创新和创造力的发挥，以应对快速变化的市场环境。

5. 第五阶段：人力资源管理的数字化和智能化（21 世纪中期至今）

随着信息技术的发展，人力资源管理逐渐数字化和智能化。人力资源信息系统的建立和应用，使人力资源管理更加高效和精确。同时，人力资源管理也开始关注员工的福利和工作环境，注重员工的健康和幸福感。

人力资源管理经历了从起源到职能建立、专业化、战略化以及数字化和智能化的发展过程。在不同的阶段，人力资源管理关注的重点和方法不断演变，但其核心目标始终是为组织提供合适的人力资源，以实现组织的战略目标。

1.3 人力资源管理的功能和特点

1.3.1 人力资源管理的功能

人力资源管理的主要功能包括招聘和录用、培训和开发、绩效管理、薪酬管理、福利管理、劳动关系管理和人力资源规划等。这些功能的目的是为组织提供合适的人力资源，以实现组织的战略目标。

人力资源管理是一种综合性的管理活动，涉及组织的各个方面。招聘和录用环节负责吸引和筛选合适的人才加入组织。培训和开发环节致力于提升员工的技能和知识水平，以帮助其适应不断变化的工作环境。绩效管理环节旨在评估和奖励员工的工作表现，以激励他们提高工作积极性和效率。薪酬管理环节负责制定合理的薪资体系，以公平公正的报酬体现员工的工作贡献。福利管理环节关注员工的福利待遇，如健康保险、休假制度等。劳动关系管理环节处理与员工关系相关的事务，包括员工投诉、劳动合同等。人力资源规划环节则负责预测和规划组织未来的人力资源需求，以确保组织的长期发展。

1.3.2 人力资源管理的特点

第一，人力资源管理是一种灵活性的管理活动，需要根据不同的组织和员工制定不同的管理策略和方案。每个组织都有其独特的文化和需求，因此人力资源管理需要根据具体情况进行调整和优化。同时，员工也具有不同的背景和需求，需要个性化的管理和关怀。

第二，人力资源管理是一种持续性的管理活动，需要不断地进行监测和评估，以保证其有效性和适应性。随着社会和技术不断变化，组织和员工的需求也在不断演变。因此，人力资源管理需要及时调整和改进，以适应新的挑战和机遇。

第三，人力资源管理是一种人本主义的管理活动，需要注重员工的发展和激励，推动员工创新和创造力的发挥，以应对快速变化的市场环境。通过提供培训和发展机会，员工能够不断提升自己的能力和技能，为组织的发展做出更大的贡献。

第四，人力资源管理是一种战略性的管理活动，需要与组织的战略目标紧密结合。通过合理的人力资源配置和发展，人力资源管理能够为组织的竞争优势提供支持。通过有效地管理人力资源，组织能够吸引和留住优秀人才，提高组织的绩效和竞争力。

第五，人力资源管理是一种数字化和智能化的管理活动，需要借助信息技术和数据分析等工具，提高管理效率和精确性。通过使用人力资源管理系统和数据分析工具，组织能够更好地了解员工的需求和表现，从而做出更准确的决策和规划。

人力资源管理是一项关键的管理活动，对于组织的成功和发展至关重要。通过招聘和录用合适的人才、培训和开发员工的能力、管理绩效和薪酬、关注员工的福利待遇、处理劳动关系和规划人力资源，人力资源管理能够为组织提供强大的支持，帮助组织实现战略目标并在竞争激烈的市场中脱颖而出。

【本章小结】

人力资源管理作为一种战略性的管理方式，其目标是通过合理的人力资源规划和管理，提高员工的绩效和满意度，从而提升组织的整体效能和竞争力。本章主要介绍了人力资源管理的发展历程，反映了不同的阶段人力资源在组织成功中的关键角色，以及管理方法的不断创新和发展。人力资源管理的功能和特点凸显了其在组织中的重要性和不可替代性。

【思考题】

1. 在当今竞争激烈的市场环境中，如何通过人力资源管理来吸引和留住优秀的人才？
2. 为什么说在数字化时代，数据驱动的人力资源管理变得越来越重要？

【知识点链接】

KPI 考核

KPI（key performance indicator）即关键绩效指标，是一种衡量企业或个人在实现目标过程中的关键活动是否成功的工具。KPI 考核是企业用来评价员工工作绩效的一种方法。

KPI 考核通常包括以下几个步骤。

（1）确定 KPI：企业需要确定哪些指标是关键的，这通常与企业的战略目标和员工的职责有关。例如，销售人员的 KPI 可能包括销售额、新客户数量等。

（2）设定目标：企业需要设定每个 KPI 的目标值。这个目标应该是具体的、可度量的，并且可以在一定期限内达成的。

（3）收集数据：在设定了 KPI 和目标后，企业需要定期收集数据，以便于跟踪进度。

（4）评估绩效：企业需要根据收集到的数据评估员工的绩效。如果员工达到或超过了设定的目标，那么他们的绩效就可以认为是良好的。如果没有达到目标，那么就需要找出问题所在，并采取改进措施。

KPI 考核是一种以结果为导向的绩效管理工具，可以帮助企业更好地管理员工，提高工作效率。

第 2 章　人力资源管理实验实训系统配置

本教材的实训教程以人力资源管理系统软件为基础，以公务员这一典型政府部门的工作人员为切入点，以公务人员提供公共服务为核心主线，模拟人力资源内部人力资源规划、工作分析、人员招募、培训开发、绩效考核、薪酬管理、人员流动等系列活动的全过程。学生通过扮演不同角色，体验公共部门与私人部门人力资源管理的不同，掌握人力资源管理的方法和内容。通过高度仿真的实践操作，学生可以正确理解并掌握人力资源的普遍规律、基本原理以及一般方法，初步具备解决一般人力资源开发与管理问题的能力，为未来从事社会管理储备必要的专业知识。

2.1　系统综述

2.1.1　系统简介

系统配置主要包括与整个软件相关的用户管理、基础信息配置、权限管理、表单配置、合同模板管理、流程配置，实现用户信息、角色信息、表单信息、合同模板、系统流程的维护和管理。学生通过对本章的操作，可以更加顺利地进行后续的实验。

2.1.2　实验流程

系统配置主要包括用户管理、基础信息配置、权限管理、表单配置、合同模板管理、流程配置等，实验流程如图 2-1 所示。

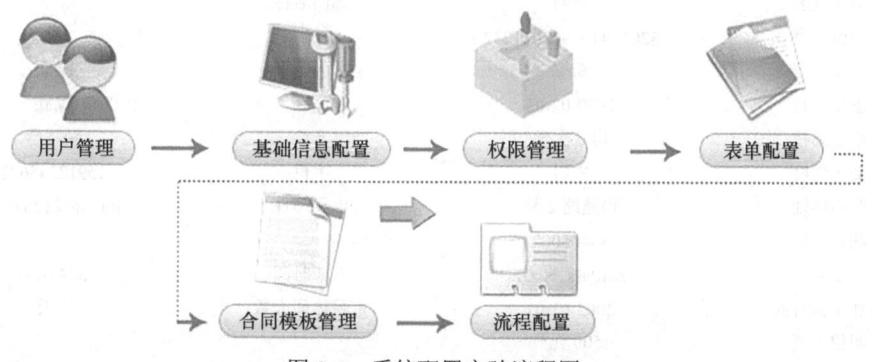

图 2-1　系统配置实验流程图

2.1.3　实验目的

本章的实验目的主要是帮助学生熟悉本系统，了解系统的功能、板块设置，了解人力资源管理的各项工作和环节。

2.2 实验指导

本章实验通过特定案例提供的信息,让学生分配角色,熟悉人力资源角色的不同权力,熟知人力资源管理流程。

2.2.1 实验情景

新安市[①]规划局预备对新安市的城市生活岸线等设施进行规划,挖掘长江岸线价值,将主城内的生产性码头逐步迁出,建立滨江绿化景观带和滨江公园,让新安成为真正意义上的滨江城市。

2.2.2 实验数据

根据实验情景,本章实验基础配置的实验数据为读者提供了人员职位分配、员工信息等基础数据(表 2-1 至表 2-8)。

表 2-1 人员职位分配

角色名称	人员
局长	陈建
任免机关	陈建
处长	王军
财务科长	吴兵
财务科员	朱建
人事科长	李明
人事科员	李晓
普通科长	王海
普通科员	顾叶
普通科员	张玲

表 2-2 员工李明信息

员工姓名	李明	部门名称	
身份证号	320104197902011232	性别	男
籍贯	新安	雇佣类型	全职
出生年月	1979-02-01	民族	汉族
毕业院校	南京大学	专业	经济学
文化程度	本科	手机	15912345672
联系地址	福建路 2 号	电子邮件	liming@126.com
联系电话	83400002		
工号	AllPass_N_01	入职时间	2009-01-01
参加工作时间	2005-01-01	带薪休假天数	5 天
职位工资	500 元[②]		
绩效系数[③]	100	绩效工资	200 元
社保基数	1455 元	公积金基数	500 元

[①] 新安市是为满足实验需求虚拟的城市。
[②] 表中的职工工资、社保基数、公积金基数等是为了行文表述方便而假设的数字,后续与此处相同。
[③] 绩效系数应为100%,因系统自带%,为了表述方便,表中显示的数据为100,后续与此处相同。

表 2-3　员工王军信息

员工姓名	王军	部门名称	
身份证号	320104197903011233	性别	男
籍贯	新安	雇佣类型	全职
出生年月	1979-03-01	民族	汉族
毕业院校	南京大学	专业	经济学
文化程度	本科	手机	15912345673
联系地址	福建路 3 号	电子邮件	wangjun@126.com
联系电话	83400003		
工号	AllPass_N_02	入职时间	2009-01-01
参加工作时间	2005-01-01	带薪休假天数	5 天
职位工资	500 元		
绩效系数	100	绩效工资	200 元
社保基数	1455 元	公积金基数	500 元

表 2-4　员工王海信息

员工姓名	王海	部门名称	
身份证号	320104194904011234	性别	男
籍贯	新安	雇佣类型	全职
出生年月	1949-04-01	民族	汉族
毕业院校	南京大学	专业	经济学
文化程度	本科	手机	15912345674
联系地址	福建路 4 号	电子邮件	wanghai@126.com
联系电话	83400004		
工号	AllPass_N_03	入职时间	2009-01-01
参加工作时间	2005-01-01	带薪休假天数	5 天
职位工资	500 元		
绩效系数	100	绩效工资	200 元
社保基数	1455 元	公积金基数	500 元

表 2-5　员工陈建信息

员工姓名	陈建	部门名称	
身份证号	320104197905011235	性别	男
籍贯	新安	雇佣类型	全职
出生年月	1979-05-01	民族	汉族
毕业院校	南京大学	专业	经济学
文化程度	本科	手机	15912345675
联系地址	福建路 5 号	电子邮件	chenjian@126.com
联系电话	83400005		
工号	AllPass_N_04	入职时间	2009-01-01
参加工作时间	2005-01-01	带薪休假天数	5 天
职位工资	500 元		
绩效系数	100	绩效工资	200 元
社保基数	1455 元	公积金基数	500 元

表 2-6　员工李晓信息

员工姓名	李晓	部门名称	
身份证号	320104197906011236	性别	男
籍贯	新安	雇佣类型	全职
出生年月	1979-06-01	民族	汉族
毕业院校	南京大学	专业	经济学
文化程度	本科	手机	15912345676
联系地址	福建路 6 号	电子邮件	lixiao@126.com
联系电话	83400006		
工号	AllPass_N_05	入职时间	2009-01-01
参加工作时间	2005-01-01	带薪休假天数	5 天
职位工资	500 元		
绩效系数	100	绩效工资	200 元
社保基数	1455 元	公积金基数	500 元

表 2-7　员工吴兵信息

员工姓名	吴兵	部门名称	
身份证号	320104197907011237	性别	男
籍贯	新安	雇佣类型	全职
出生年月	1979-07-01	民族	汉族
毕业院校	南京大学	专业	经济学
文化程度	本科	手机	15912345677
联系地址	福建路 7 号	电子邮件	wubing@126.com
联系电话	83400007		
工号	AllPass_N_06	入职时间	2009-01-01
参加工作时间	2005-01-01	带薪休假天数	5 天
职位工资	500 元		
绩效系数	100	绩效工资	200 元
社保基数	1455 元	公积金基数	500 元

表 2-8　员工张玲信息

员工姓名	张玲	部门名称	规划编制处
身份证号	321102198611092824	性别	女
籍贯	新安	雇佣类型	全职
出生年月	1986-11-09	民族	汉族
毕业院校	南京大学	专业	经济学
文化程度	本科	手机	13912345678
联系地址	福建路 6 号	电子邮件	zhangling@126.com
联系电话	83494818		
工号	AllPass_N_07	入职时间	2009-01-01
参加工作时间	2005-01-01	带薪休假天数	5 天
职位工资	600 元		
绩效系数	100	绩效工资	500 元
社保基数	1500 元	公积金基数	500 元

2.2.3 实验任务

本章实验任务包括：用户管理；基础信息配置；权限管理；表单配置；合同模板管理；流程配置。

2.2.4 实验步骤

首先，选择【人力资源管理】模块，如图 2-2 所示。

图 2-2　模块选择界面

其次，进入【人力资源管理】模块，系统会自动弹出提示框，显示用户现在需要接受的任务名称、任务说明、任务奖励以及任务步骤。点击【接受】，接受该任务，如图 2-3 所示，之后在页面的右下角会弹出窗口提示目前应该操作的步骤。

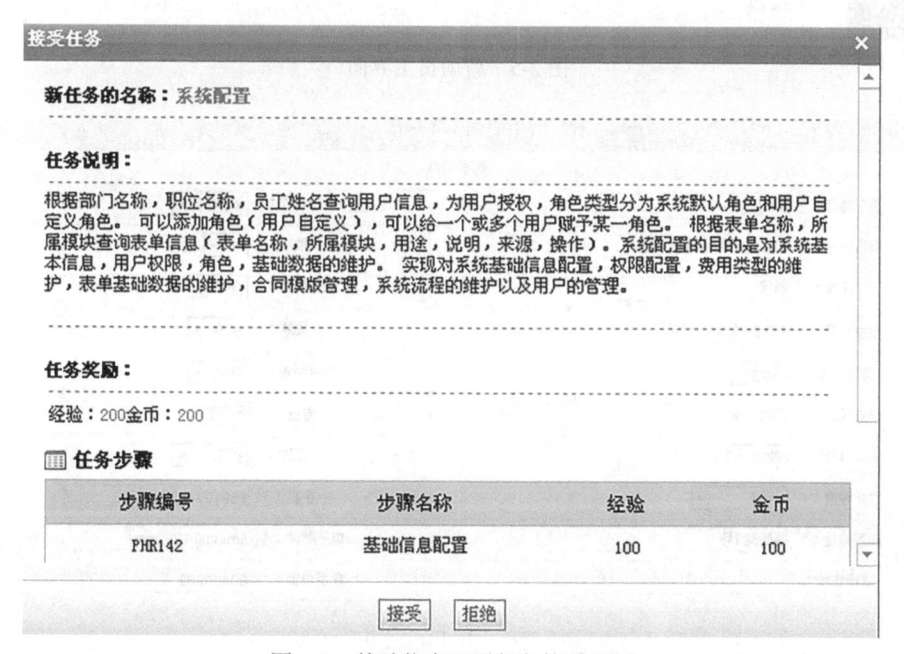

图 2-3　基础信息配置任务接受界面

学生进入实验后，可以下载知识准备进行学习，并查看实验说明以及实验流程，以更好地进行实验。当前任务后的进度条，显示已完成步骤的状态，如图2-4所示。

图2-4 实验准备界面

1. 用户管理

接受实验任务后，需要添加新员工，在"系统配置"板块下选择【用户管理】，点击角色选择最下方的新增员工后的【新增】，为该实验增加人员，如图2-5所示，填写新增员工的详细信息，如图2-6所示，按照该操作，依次添加李明、王军、王海、陈建、李晓、吴兵、张玲等人员，逐一授予角色权限，角色授权信息如2.2.2节"实验数据"中所示。

图2-5 新增员工界面

(a)

（b）

图 2-6　员工信息添加界面

2. 基础信息配置

点击管理员后的【进入】，如图 2-7 所示。点击【基础信息配置】，能看到系统默认的基础信息配置、总人力成本与销售成本比例以及人力成本构成比例列表等内容，如有必要进行调整，修改后点击最下方的【确定】，如图 2-8 所示。完成该步骤之后，在页面的右下角会弹出提示框，如图 2-9 所示。

图 2-7　管理员进入系统界面

（a）

总人力成本与销售成本比例	
企业规模	总人力成本/销售额
5000人以上	11.00 %
1000－4999人	12.00 %
300－999人	13.00 %
100－299人	14.00 %
30－99人	15.00 %
29人以下	16.00 %

（b）

人力成本构成比例列表			
编号	薪酬类型名称	薪酬项目	所占比例(%)
1	标准工时工资		58.00
01		基本工资	30.50
02		绩效工资	6.00
03		住房津贴	2.00
04		交通津贴	2.00
05		职位津贴	17.50
2	加班工时工资		8.50
01		加班费	6.50
02		值日津贴	2.00
3	奖金		21.00
01		职位工资	20.00
02		年终奖	1.00
4	与销售额挂钩费用		2.00

（c）

图 2-8　基础信息配置界面

实验顺序提示

已完成步骤"基础信息配置"，得到奖励"100经验、100金币"，下一个步骤为：权限添加

图 2-9　实验顺序提示界面

3. 权限管理

按照上述提示框显示的内容，进行"权限管理"实验。点击【用户管理】，在右边出现刚刚添加需要授权的七名人员，如图 2-10 所示，依次点击人名后的【设置】，为每个人设置角色，具体角色的分配信息在"2.2.2 实验数据"一节中有体现。点击"系统配置"板块下的【权限管理】，可以为角色进行模块授权，或者分配用户，如图 2-11 所示。要添加角色时，点击角色信息列表下方的【添加角色】，添加一个新角色，如图 2-12 所示。例如，将陈建分配到规划局局长的角色，选择"陈建"后，点击最下方的【确定】，陈建分配到的职位就是规划局局长，如图 2-13 所示。

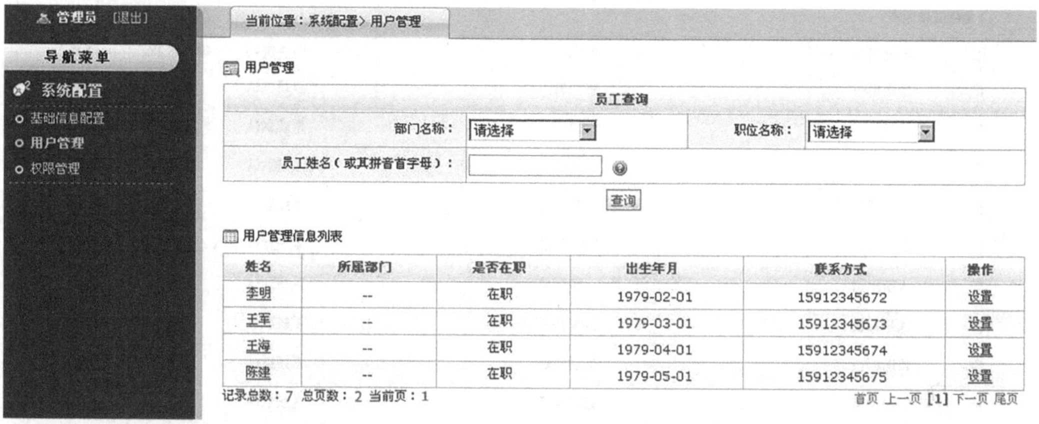

第 2 章　人力资源管理实验实训系统配置

（a）

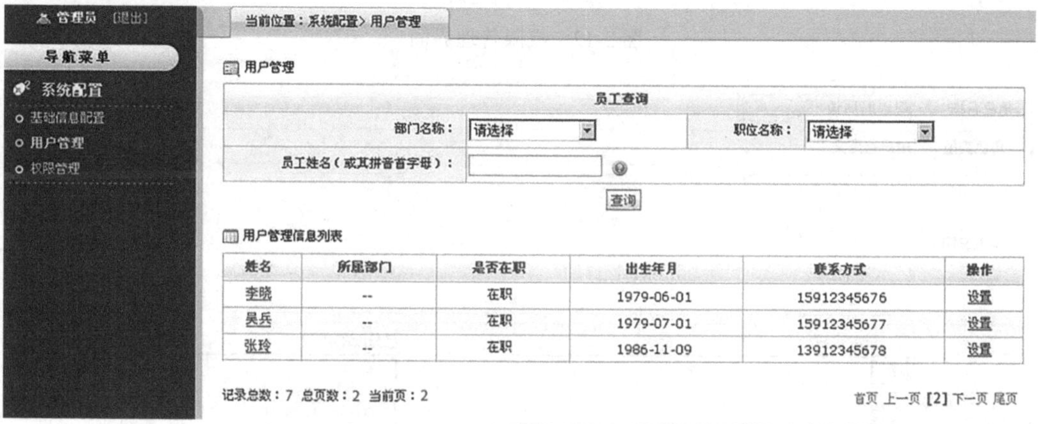

（b）

图 2-10　用户管理界面

图 2-11　设置权限界面

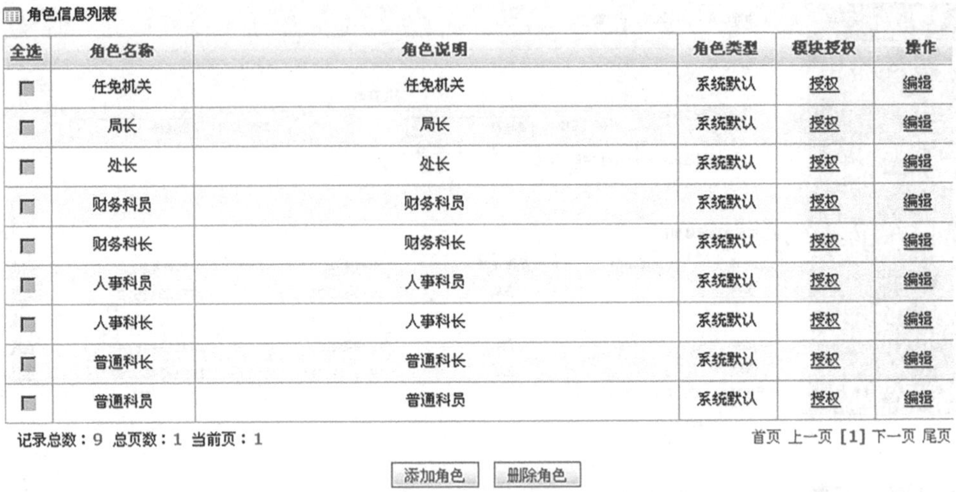
角色信息列表

全选	角色名称	角色说明	角色类型	模块授权	操作
	任免机关	任免机关	系统默认	授权	编辑
	局长	局长	系统默认	授权	编辑
	处长	处长	系统默认	授权	编辑
	财务科员	财务科员	系统默认	授权	编辑
	财务科长	财务科长	系统默认	授权	编辑
	人事科员	人事科员	系统默认	授权	编辑
	人事科长	人事科长	系统默认	授权	编辑
	普通科长	普通科长	系统默认	授权	编辑
	普通科员	普通科员	系统默认	授权	编辑

记录总数：9　总页数：1　当前页：1　　首页 上一页 [1] 下一页 尾页

添加角色　删除角色

图 2-12　权限管理界面

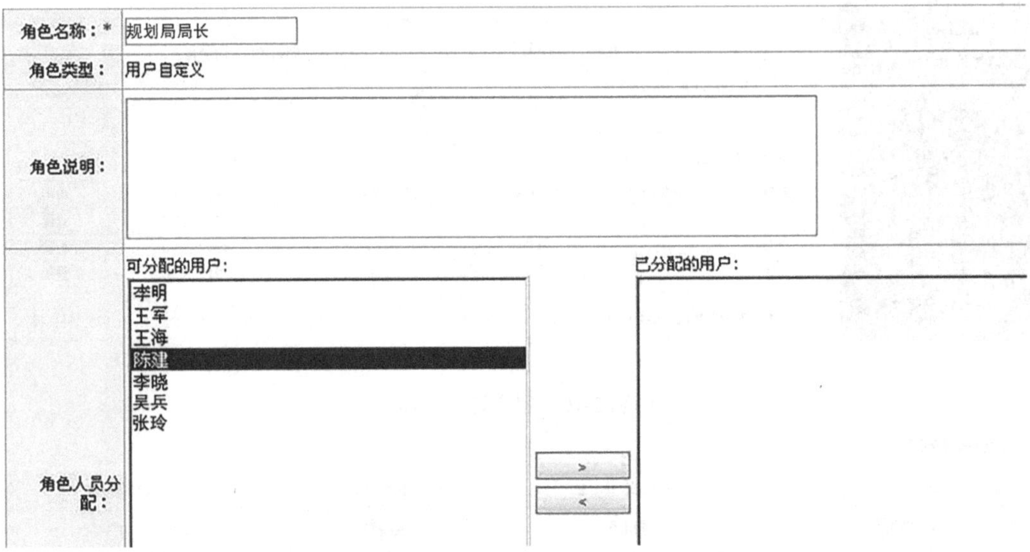

图 2-13　角色添加界面

4. 表单配置

根据系统提示，下一步骤为“表单配置”实验。点击页面下方的【切换用户】①，如图 2-14 所示。点击人事科长李明后的【进入】，进行系统配置，如图 2-15 所示。

图 2-14　用户切换界面

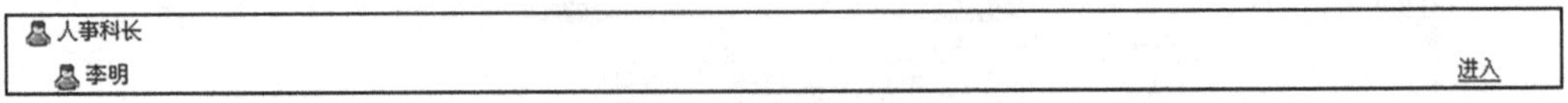

图 2-15　角色选择界面

① 当需要进行的操作要由另一个用户进行时，需要切换用户，方式如上，下面不再说明如何切换用户。

选择"系统配置"板块下的【表单信息配置】，在右边弹出的表单信息列表中浏览最后一页，如图 2-16 所示。点击所在城市①后的【编辑】，添加本章实验中涉及的城市"新安"，如图 2-17 所示。

图 2-16　表单信息配置界面

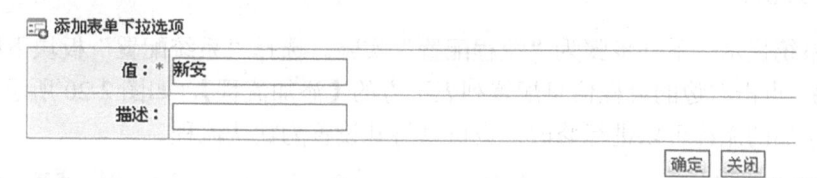

图 2-17　表单项编辑界面

5. 合同模板管理

根据系统提示，下一步骤为"合同模板管理"实验。选择"系统配置"板块下的【合同模板】，能够查看系统默认的合同模板列表，点击其下方的【添加合同模板】，如图 2-18 所示。填写合同的相关信息，即点击【添加合同项】，如图 2-19 所示，填写合同项内容。

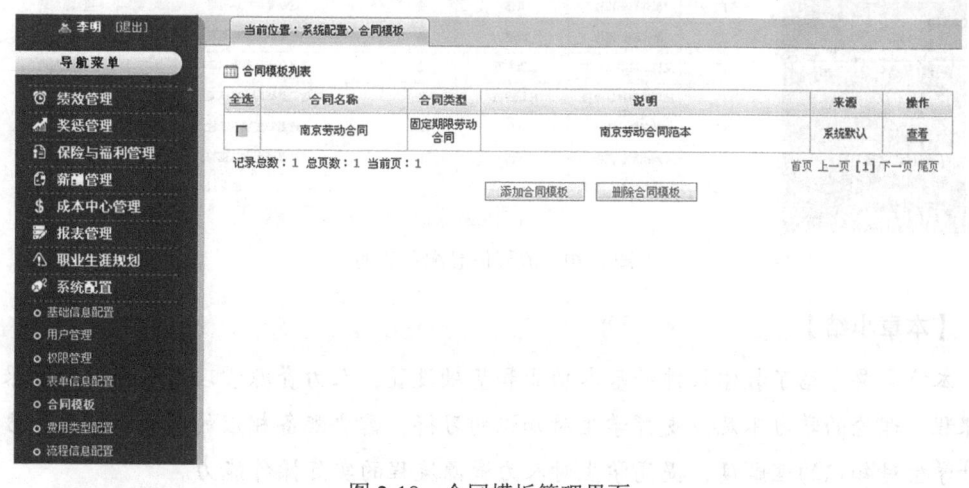

图 2-18　合同模板管理界面

---

① 添加实验中的相关城市，在之后的操作中，方便选择该城市。

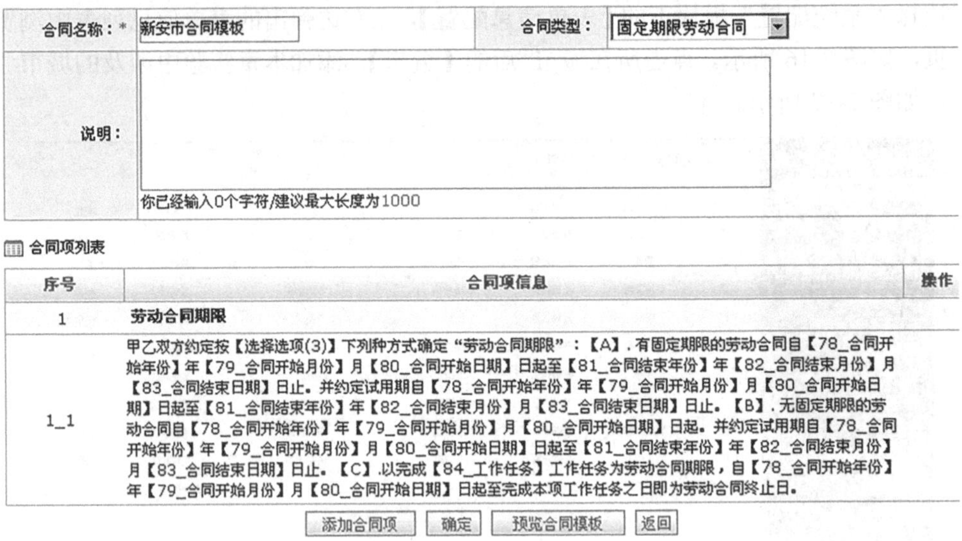

图 2-19 合同信息填写界面

6. 流程配置

根据系统提示，下一步骤为"流程配置"实验。选择"系统配置"板块下的【流程信息配置】，点击右边的流程信息配置列表下方的【添加流程】，如图 2-20 所示，填写流程信息，添加的流程可以进行修改，也可以将其设置为默认流程。

图 2-20 流程信息配置界面

【本章小结】

本章主要介绍了教学软件的基本功能和基础设置，人力资源管理是一个实践性很强的课程，理论的学习不足以支撑学生对知识的习得，需要配备相应的实验教学软件方可提升学生对知识的理解度，提高学生对人力资源流程的实际操作能力。

本章利用教学软件进行了人力资源管理的系统设置，分配角色，以及为每个角色分配权限，可以使学生熟悉每个岗位的职责和权限，从而熟悉人力资源管理不同角色的职业要求，同时保障后期的实验操作能够顺利进行。

【思考题】

1. 请思考人力资源管理在企业成功中的角色和重要性并结合具体实例来说明观点。
2. 请分析和讨论人力资源管理中的挑战和困难，以及如何有效地解决这些问题。可以从员工招聘、绩效管理、员工保留和发展等方面进行论述。

【知识点链接】

360 度考核

360 度考核也被称为全方位评估，是一种员工绩效评估方法，其特点是收集所有与员工相关的个体（包括上司、同事、下属，甚至自我评估和客户反馈）的评价，以得到一个全面、客观和深入地了解员工绩效的视角。

这种方法的优点是可以提供一个全面的员工绩效图像，因为它包括了多个不同的评估者，这可以帮助减少或消除单一评估者可能存在的偏见。此外，它还可以帮助员工了解他们的强项和弱点，并提供改进的反馈。

然而，这种方法也有一些缺点。例如，它可能需要大量的时间和资源来实施，因为需要收集和管理大量的反馈。此外，如果没有适当的培训和指导，评估者可能不清楚如何提供有效的反馈。

第 2 章　相关图片

第3章 组 织 设 计

在人力资源管理中,组织设计是指创建或调整组织的结构和流程,以更好地支持其业务战略和实现其目标。这涉及确定组织的层级结构、定义各个角色和职责、确定决策流程,以及设计沟通和协作的方式等。组织设计的目标是提高组织的效率和效果,使其能够适应不断变化的业务环境和市场需求,需要人力资源管理者深入理解组织的业务战略,以及员工的技能和能力,然后设计出能够最大限度地利用这些资源的组织结构和流程。组织设计并非一次性的项目,而是一个持续的过程,随着业务环境不断变化,组织需要不断地调整和优化其设计,以保持其竞争优势。

3.1 组织设计的概念、主要内容及主要作用

3.1.1 组织设计的概念

组织设计主要是研究如何合理地设计组织架构。组织架构(组织结构)是指组织内部各组成部分之间关系的一种模式。它决定了组织中的指挥系统、信息沟通网络和人际关系,最终影响组织效能的发挥。组织架构模式应随组织任务的发展而不断演变。

3.1.2 组织设计的主要内容

(1)组织结构设计:这包括确定组织的层级结构,决定组织的部门划分和职能分配等。

(2)角色和职责定义:在组织中,每个职位都有其特定的角色和职责。组织设计需要明确这些角色和职责,确保每个员工都明白自己的工作内容和职责。

(3)决策流程设计:组织设计还需要确定组织内部的决策流程,包括决策的层级,以及决策的方式和程序。

(4)沟通和协作方式设计:组织设计需要设计有效的沟通和协作方式,以促进信息的流通和团队的合作。

(5)人力资源规划:组织设计还包括人力资源的规划,如招聘、培训、发展、绩效管理等方面。

(6)组织文化塑造:组织设计还需要考虑如何塑造和维护一种支持组织目标和战略的组织文化。

3.1.3 组织设计的主要作用

(1)提高效率:通过合理的组织结构设计,可以提高工作流程的效率,减少冗余和

浪费，提高组织的整体运行效率。

（2）提升效果：通过明确的角色和职责定义，可以帮助员工更好地理解他们的工作内容和目标，从而提高工作效率。

（3）优化决策过程：通过合理的决策流程设计，可以提高决策的效率和质量，使组织能够更快、更好地应对各种挑战和变化。

（4）促进沟通和协作：通过有效的沟通和协作方式设计，可以促进信息的流通，提高团队的协作效率，增强组织的凝聚力。

（5）规划人力资源：组织设计可以帮助组织进行有效的人力资源规划，包括招聘、培训、发展、绩效管理等，以确保组织有足够的人力资源来实现其目标。

（6）塑造组织文化：组织设计也可以帮助塑造和维护组织文化，创建一个支持组织目标和战略的工作环境。

3.2 系统综述

3.2.1 系统简介

组织设计模块的功能包含了确定组织的层级结构、部门划分、职责分工、权责关系以及工作流程等内容，学生可以在操作实验的同时来提高自身分析和解决实际问题的能力。

3.2.2 实验流程

本章的实验主要包括组织机构配置、部门信息添加、职位信息添加、职级信息添加、岗位信息添加、部门员工信息、查看组织结构图、组织结构变迁等，如图 3-1 所示。

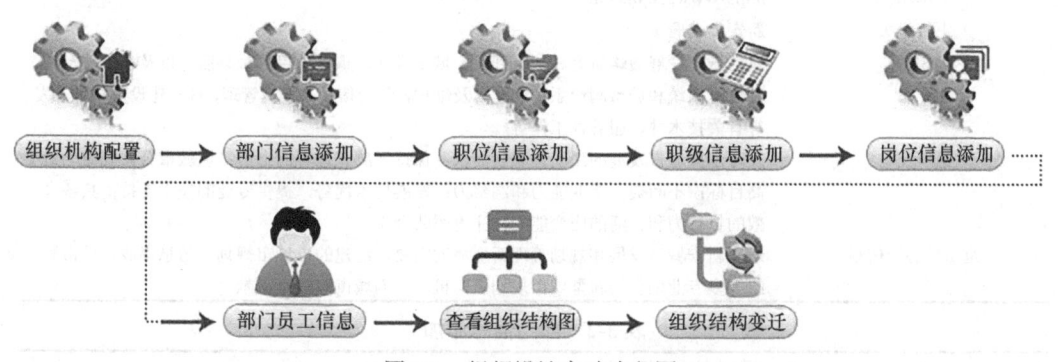

图 3-1 组织设计实验流程图

3.2.3 实验目的

该实验的主要目的在于实现公共部门组织结构的设计，掌握组织结构设计的过程，了解公共部门的组织结构情况。

3.3 实验指导

3.3.1 实验情景

新安市规划局成立于 2003 年，是适应新安城市发展和规划管理新形势的需要，组建的以城市规划、信息集成、城市测绘等多专业融合的新型城市规划研究机构。其主要职能包括城市发展战略研究、地区开发、城市设计、重点项目的规划服务以及各类城市规划信息系统和城市测绘系统的建立及维护，测绘信息采集、管理，GIS 建设及软件开发等有关技术性、服务性工作等。

规划局下属部门包括规划编制处、选址用地处、技术法规处、测绘信息处等。

3.3.2 实验数据

本章的实验数据主要有组织机构配置（表 3-1）、部门信息添加（表 3-2）、职位信息添加（表 3-3）、职级信息添加（表 3-4）、岗位信息添加（表 3-5）。

表 3-1 组织机构配置

项目	基本信息
组织机构名称	新安市规划局
公共部门性质	政府部门
所在城市	新安市
组织规模	300—999 人
负责人	陈建
联系电话	83491111
联系地址	福建路
电子邮箱	xa@126.com
网站	http://www.xaghj.com
上级机关	新安市政府
组织职责	包括城市发展战略研究、地区开发、城市设计、重点项目的规划服务以及各类城市规划信息系统和城市测绘系统的建立及维护，测绘信息采集、管理，GIS 建设及软件开发等有关技术性、服务性工作等
组织文化	及时掌握城市发展的新动态和新需求；保持开放和包容的态度；以城市公共利益为最高目标；不断提升专业能力和洞察力；发展技术优势，提供专业的技术支持；具备高效的执行力和灵活的应变能力；注重团队合作
组织核心价值观	适应新安城市发展和规划管理新形势的需要，组建的以城市规划、信息集成、城市测绘等多专业融合的新型城市规划研究机构，为城市规划做贡献

表 3-2 部门信息添加

项目	基本信息
部门名称	规划编制处
部门类型	人事管理部门
部门领导	李明
上级部门	无
部门电话	83492222
部门描述	负责组织制订城市规划编制计划，负责规划编制指令性任务的下达，负责规划编制成果的初审，参与规划编制成果的终审

表 3-3　职位信息添加

项目	基本信息
职位编号	ZW_01
职位名称	处长
基本工资参考	5000 元
职位分类	领导职务

表 3-4　职级信息添加

项目	基本信息
职级编号	ZJ_01
工资额	5000 元
所属职位	处长

表 3-5　岗位信息添加

项目	基本信息
岗位名称	规划编制处处长
岗位职责	参与全市经济和社会发展中长期规划和计划、国土规划、区域规划、江河流域规划、土地利用总体规划以及相关的专项、专业规划的编制工作
工作内容	研究制订全市村镇规划的近期和年度编制计划，制定地方性的村镇规划技术标准，指导市属各县的城乡规划和村镇规划编制工作，指导、监督各县城镇和重要建制镇以及村镇的规划管理工作

3.3.3　实验任务

本章的实验任务有组织机构配置；部门信息添加；职位信息添加；职级信息添加；岗位信息添加；查看组织结构图及组织结构变迁。

3.3.4　实验步骤

完成任务一之后，自动弹出任务二的接受窗口，点击【接受】，开始组织设计实验，如图 3-2 所示。

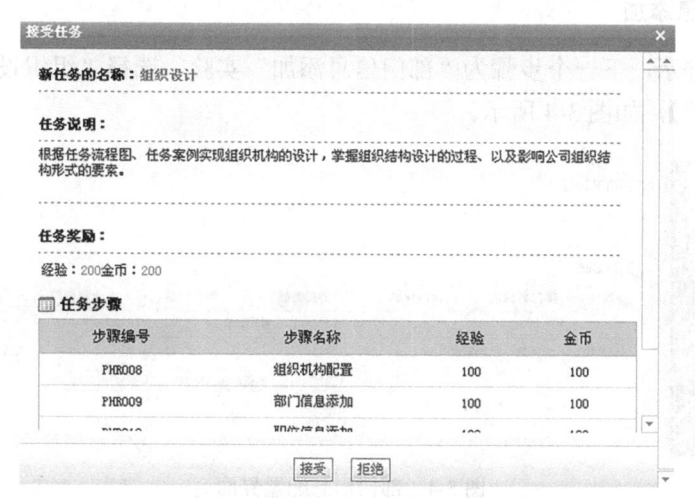

图 3-2　组织设计任务接受界面

1. 组织机构配置

根据系统提示，下一步骤为"组织机构配置"实验。进入人事科长李明的账户，选择"组织设计"板块下的【组织机构配置】，填写组织机构的相关信息，如图3-3所示。

（a）

（b）

图3-3　组织机构配置界面

2. 部门信息添加

根据系统提示，下一个步骤为"部门信息添加"实验。选择"组织设计"板块下的【部门信息配置】，如图3-4所示。

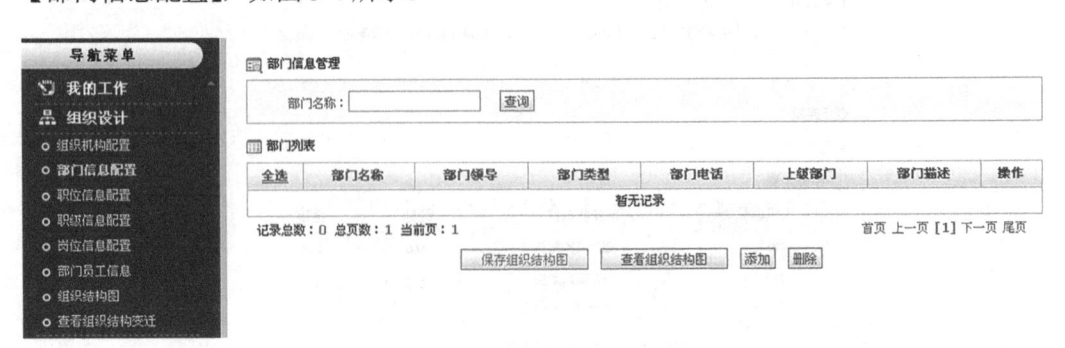

图3-4　部门信息配置界面

选择图 3-4 中的【添加】按钮，填写部门信息，选择部门类型、部门领导以及上级部门添加部门信息，这里以"规划编制处"为例，如图 3-5 所示，自行添加选址用地处、技术法规处、测绘信息处这三个部门信息，点击【保存组织结构图】，输入组织名称，如图 3-6 所示，即可生成本部门的组织结构图。

图 3-5　部门信息添加界面

图 3-6　组织结构保存界面

3. 职位信息添加

根据系统提示，下一步骤为"职位信息添加"实验。选择"组织设计"板块下的【职位信息配置】，进行职位的添加，输入职位信息，如图 3-7 所示。

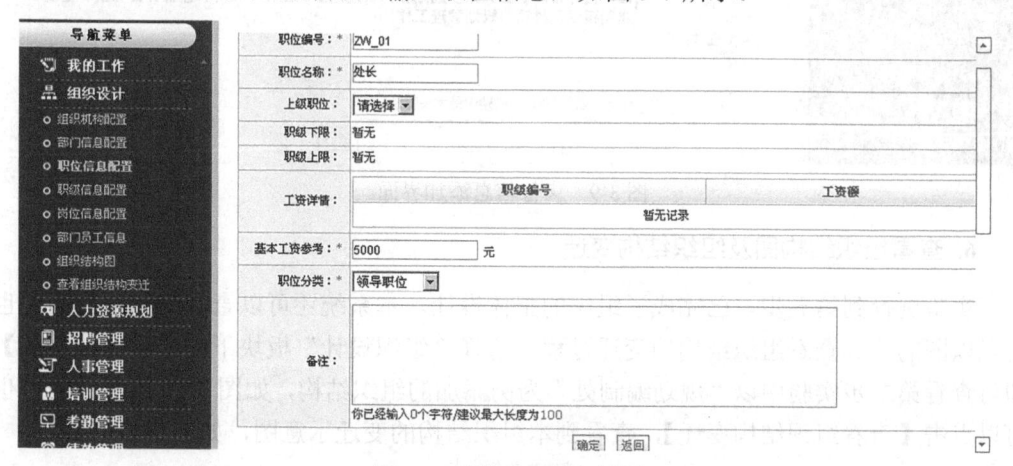

图 3-7　职位信息添加界面

4. 职级信息添加

根据系统提示，下一步骤为"职级信息添加"实验。选择"组织设计"板块下的【职级信息配置】，进行职级的添加，输入职级信息，如图 3-8 所示。

图 3-8 职级信息添加界面

5. 岗位信息添加

岗位信息的添加是为某一岗位添加岗位职责和工作要求。选择"组织设计"板块下的【岗位信息配置】，进行岗位添加，输入岗位信息，如图 3-9 所示，添加完毕后，点击【部门员工信息】即可查看本部门的所有员工信息，至此，组织设计实验基本完成。

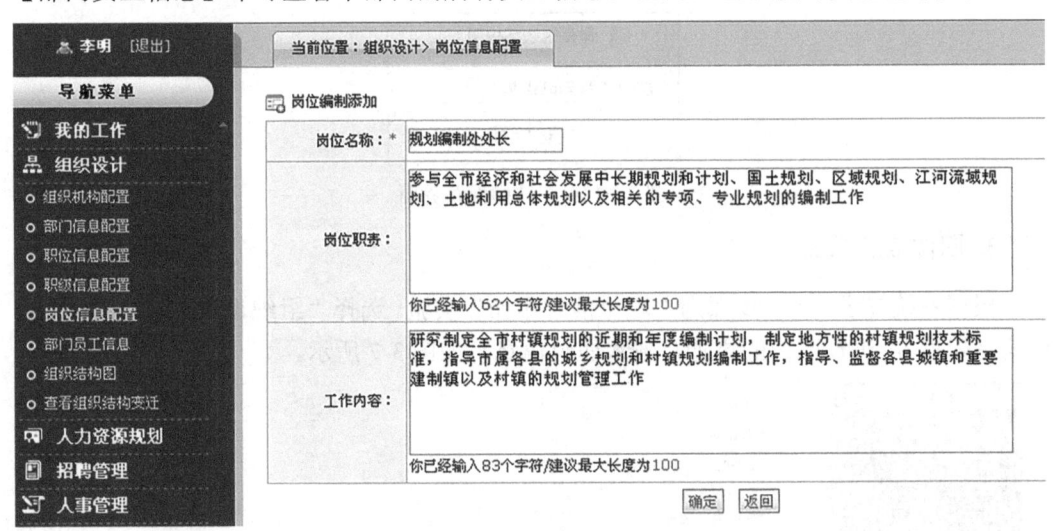

图 3-9 岗位信息添加界面

6. 查看组织结构图及组织结构变迁

实验进行到第五步，已完成了组织的整体设计，本系统还可以查看组织结构图，也可以以图的形式查看组织结构的变迁过程。选择"组织设计"板块下的【组织结构图】即可查看第二步实验中以"规划编制处"为例添加的组织结构，如图 3-10 所示，同时也可以点击【查看组织结构变迁】，查看到本组织结构的变迁示意图，如图 3-11 所示。

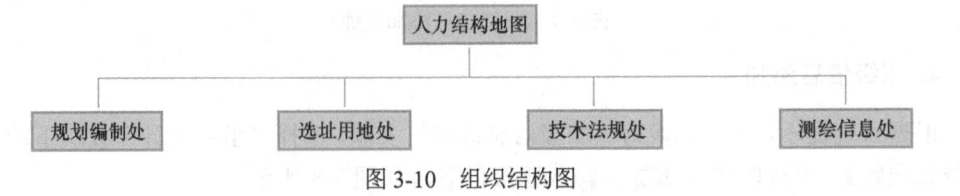

图 3-10 组织结构图

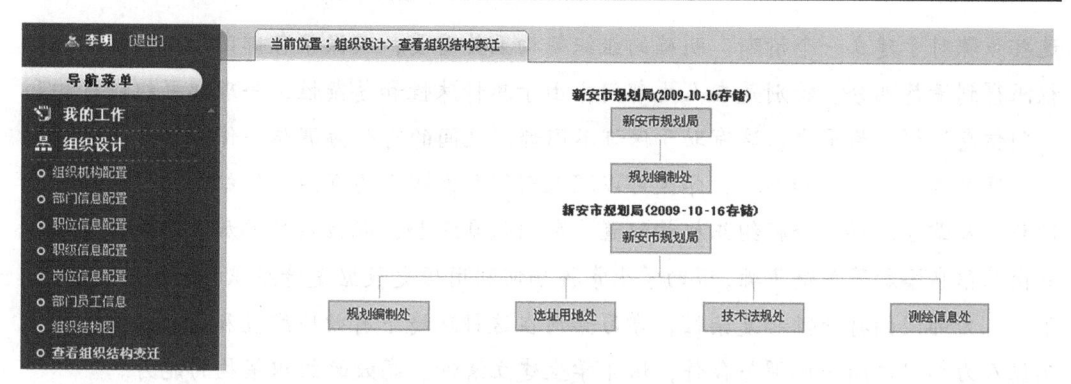

图 3-11 组织结构变迁查看界面

3.4 相关知识

3.4.1 组织结构的定义

组织结构是为实现共同的目标、任务或利益，把人力、物力和智力等按一定的形式和结构，有秩序、有成效地组合起来而开展活动的社会单位。行政组织机构是依法建立的国家公务机构的一种，是为执行一定的方针政策而提供公共服务的社会单位。

3.4.2 职级的定义

职级就是一定职务层次所对应的级别。职级是体现职务、能力、业绩、资历的综合标志，同时也是确定员工薪资待遇及其他待遇的重要依据。职级是对不同类别职务进行平衡比较的统一标尺。以职务层次为横轴，以级别为纵轴构成的坐标系，可以衡量、标识担任不同类别职务的员工在组织中所处的位置。

3.4.3 职位和岗位的区别

职位跟岗位还是有明显不同的。按照"职位"的定义，职位是组织重要的构成部分，泛指一个阶层（类），面更宽泛，而岗位则具体得多。职位是按规定担任的工作或为实现某一目的而从事的明确的工作行为，由一组主要职责相似的岗位所组成。职位是随组织结构定的，而岗位是随事定的，也就是我们常说的因事设岗。岗位是组织要求个体完成的一项或多项责任以及为此赋予个体的权力的总和。一个职位一般是将某些任务、职责和责任组为一体；而一个岗位则是指由一个人所从事的工作。

岗位与人对应，通常只能由一个人担任，一个或若干个岗位的共性体现就是职位，即职位可以由一个或多个岗位组成。

【本章小结】

本章主要介绍了人力资源组织结构的设计与管理过程，突出了组织结构设计的关键步骤，包括组织机构配置、部门信息添加、职位信息添加、职级信息添加及岗位信息添加。

这些步骤对于建立一个清晰、明确的组织架构至关重要，确保了各部门和职位的职责与权限得到清楚划分。特别是在人力部门，由于其特殊性和复杂性，合理配置组织机构和部门信息显得尤为重要，这有助于保证不同部门之间的有效协调与合作。

通过本章的学习和实验，学生可以深入理解和掌握人力资源组织结构的设计和管理过程。本章通过详细分析组织机构配置、部门信息添加、职位信息添加、职级信息添加和岗位信息添加等关键步骤，帮助学生掌握如何利用历史数据支持组织管理和决策过程，了解人力部门的特殊性和复杂性；学习如何在这种环境下有效地配置和管理组织结构，确保人力部门之间的协调与合作，培养学生建立清晰、高效的组织架构的能力。

【思考题】

1. 人力资源管理中的组织设计对组织绩效有何影响？请分析并提供支持论据。
2. 在组织设计过程中，如何合理配置组织机构和部门信息，以实现组织的协调与合作？请提供具体的步骤和实例。

【知识点链接】

平衡计分卡

平衡计分卡（balanced score card，BSC）是一种绩效管理工具，用于衡量和管理组织的绩效。它通过将组织的目标和战略转化为一组具体的指标的衡量方法，帮助组织全面评估和监控绩效，从而实现战略目标的达成。

平衡计分卡基于四个关键维度来评估组织的绩效，这四个维度分别如下。

（1）财务维度（financial perspective）：衡量组织的财务健康状况和绩效，包括利润、收入、成本控制等指标。

（2）客户维度（customer perspective）：衡量组织对客户的价值创造和满意度，包括市场份额、客户满意度、客户忠诚度等指标。

（3）内部流程维度（internal process perspective）：衡量组织内部运营和流程的效率和质量，包括生产效率、产品质量、流程改进等指标。

（4）学习与成长维度（learning and growth perspective）：衡量组织的学习能力和员工发展，包括员工培训、技能提升、创新能力等指标。

通过在每个维度中设定具体的指标和目标，并进行定期的衡量和评估，平衡计分卡可以帮助组织了解自身的绩效状况，发现问题和改进，并与战略目标对齐，以实现组织的长期成功和可持续发展。平衡计分卡不仅关注财务绩效，还将其他关键维度纳入考虑范围，使组织能够全面评估和管理绩效，促进组织的整体发展和提升竞争力。

第 3 章　相关图片

第4章 人力资源规划

人力资源规划是企业运营的重要环节，它涉及企业的发展战略、组织结构、员工能力和市场竞争等多个方面。有效的人力资源规划与招聘能够帮助企业吸引和留住优秀的人才，提高企业的竞争力。人力资源规划是企业根据其发展战略和目标，预测未来的人力资源需求，以及如何满足这些需求的过程。它包括确定企业的人力资源需求、分析现有人力资源的供应情况、预测未来的人力资源供需状况，以及制定相应的人力资源战略和计划。

4.1 人力资源规划的概念和目标

4.1.1 人力资源规划的概念

人力资源规划是一种全面的、持续的过程，企业通过这个过程来预测、分析和调整人力资源的需求和供应，以确保其人力资源的配置与企业的长期战略目标相匹配。这个过程是企业管理活动的关键组成部分，涵盖了企业的组织结构设计、工作职责分配、员工招聘和选拔、培训和职业发展、绩效评估、薪酬和福利管理等多个关键环节。

4.1.2 人力资源规划的目标

人力资源规划的主要目标可以细化为以下几个方面。

（1）人力资源供需平衡：通过预测和分析组织的人力资源需求和供给，确保组织有足够的合适员工来满足其业务需求，避免人力资源的短缺或过剩。

（2）人才储备和继任计划：通过建立和维护人才库，以及制订继任计划，确保组织在关键职位上有合适的人选，避免因人员离职或退休而造成的业务中断。

（3）人力资源成本控制：通过合理预测和规划人力资源需求，避免过度招聘或过度裁员，从而降低人力资源管理的成本。同时，优化员工配置和提高员工效率也能降低人力资源成本。

（4）支持组织发展和战略的实现：人力资源规划应支持组织的长期发展和战略的实现。通过识别人力资源需求和能力缺口，可以制定相应的人力资源战略和计划，以支持组织的战略方向和目标。

这些目标通过有效的人力资源规划实现，可以帮助组织更好地管理和利用其人力资源，提高组织的绩效和竞争力，实现可持续发展。

4.2 系统综述

4.2.1 系统简介

人力资源规划是指根据组织的发展规划,通过对部门未来的人力资源的需求和供给状况的分析及估计,针对职务编制、人员配置、教育培训、人力资源管理政策、招聘和选择等内容制订的人力资源部门的职能性计划。

人力资源战略是组织发展战略的重要组成部分,是部门高层决策者根据部门的人才观、用人政策和对部门内外人力资源环境的分析确定人力资源管理的目标与发展方向。人力资源战略与活动目标对部门总体战略目标的实现有极大的支持和促进作用。

人力资源管理教学系统软件中人力资源规划系统包含人力资源需求分析、人力资源供给分析、人力资源供需比较分析、人力资源规划和预算、人力资源规划方案等环节,结构清晰,功能齐全。人力资源规划确保部门各类工作岗位在适当的时机,获得适当的人员(包括数量、质量、层次和结构等),实现人力资源的最佳配置,最大限度地开发和利用人力资源潜力,有效地激励职工,保持智力资本的竞争优势。

4.2.2 实验流程

本章实验主要包括组织战略制定、人员需求分析添加及审批、人力资源供给分析、人力资源预算添加及审批、工作分析和工作评价等,如图 4-1 所示。

图 4-1 人力资源规划实验流程图

4.2.3 实验目的

(1)掌握关键概念与理论:通过实验进一步理解人力资源规划的基本概念、目的和理论框架,掌握人力资源需求预测、人员编制和人员流动管理的基本原理和方法。

(2)实际操作与应用:通过实践操作,掌握人力资源规划的具体步骤和实施方法,能够将理论知识应用于实际的人力资源规划案例,提升实践操作能力。

(3)工具使用技能:了解并熟练使用人力资源软件工具,支持人力资源规划工作,通过实验掌握常用的规划与分析工具的使用方法。

4.3 实验指导

4.3.1 实验情景

鉴于该人力资源规划的草案提出以及具体实施,将出现人员需求,经过审批之后,财务部门需要对招聘需求做预算。预算经过审批之后,方可制订出具体的招聘计划。

4.3.2 实验数据

本章的实验数据包括组织战略制定(表4-1)、人员需求分析(表4-2)、人力资源供给分析(表4-3)、人力资源规划预算(表4-4)、工作分析(表4-5)。

表4-1 组织战略制定

项目	基本信息
时间段	2009-10-01—2009-10-31
组织要实现的目标	建立起组织配置和市场配置相结合的公平、平等、择优的选拔用人机制,在人才选拔上人人平等,唯才是举;在日常工作中为组织成员创造一个良好的人才生存空间,倡导他们发挥自己的潜力和创造力,为组织多做贡献,这样我们的公共部门才会具有生命力
核心价值观	能力本位
组织的发展方向	建立以强调"以人为本""多元化""合作互助"为主要特征的现代公共部门
组织的发展计划	培养组织成员敢想、敢说、敢做的作风,鼓励组织成员提意见、提建议、参与组织决策;要因地、因时制宜,充分利用各种条件、扬长避短,调整其目标、组织结构和行为方式,满足环境提出的各种要求
指导方针	组织和成员形成一个责、权、利相统一的命运共同体,且在其中都有一种危机感、主体感和成就感
实施措施	采取措施协助员工确定其职业发展目标、设计职业发展路径,并为员工实现职业目标不断提供帮助

注:表格中的时间段可根据实验时间进行调整,本教材中的时间仅作参考

表4-2 人员需求分析

项目	基本信息
人员需求分析名称	规划编制需求
部门	规划编制处
职位	默认职位
人力需求预测方法	现状预测法
需求人数	1人

表4-3 人力资源供给分析

项目	基本信息
人力资源供给分析名称	规划编制需求
预测方法	外部预测法
相关专业	经济学
毕业生人数	1人

表 4-4 人力资源规划预算

项目	基本信息
预算名称	规划预算
预算年度	2009 年
年度预算销售额	100 000 元
备注	规划预算

注：预算年度、年度预算销售额根据实验实际年度进行预算，本教材预算年度仅作参考。

表 4-5 工作分析

基本信息	
职位名称	处长
工作分析方法	资料分析法
工作职责	1. 主持全处日常行政工作 2. 认真组织全处职工学习政治、时事、技术和业务，不断提高全处职工的政治、业务素质
工作内容	1. 负责组织项目的申报、立项、设计、报建、招投标、施工质量监控、主体和竣工验收、工程预决算的审核等工作 2. 主持召开处务会议，传达学习上级文件和指示精神，研讨解决全局性的工作和问题，协调与基建处有关的横向关系
工作条件	75%以上时间在室内工作，不受气候影响；因工作需要，需配备计算机、电话、传真机以及其他办公用具，无独立办公室
聘用条件	专业相关，工作经验符合，思想先进
转任与升迁范围	内部提升
培训机会	可获得计算机类、管理类、专业技术类等方面的培训
任职说明	
年龄	25—35 岁
性别	男
学历	本科
工作经验要求	曾从事此类工作 3 年以上
生理要求	身高：1.70—1.80 米；体重：与身高成比例，正常范围内即可；听力：正常；视力：矫正视力正常
知识要求	1. 英语四级以上 2. 熟练使用 office 系列软件
技能要求	1. 表达能力强 2. 观察能力强 3. 逻辑处理能力强
综合素质	1. 有良好的职业道德 2. 独立工作能力强
其他要求	为人热情，善于与人交往；待人公允

4.3.3 实验任务

本章的实验主要包括：组织战略制定；人员需求分析添加；人员需求分析审批；人力资源供给分析；人力资源预算添加及审批；工作分析；工作评价。

4.3.4 实验步骤

完成任务二之后，自动弹出任务三的接受窗口，点击【接受】，开始人力资源规划实验，如图 4-2 所示。

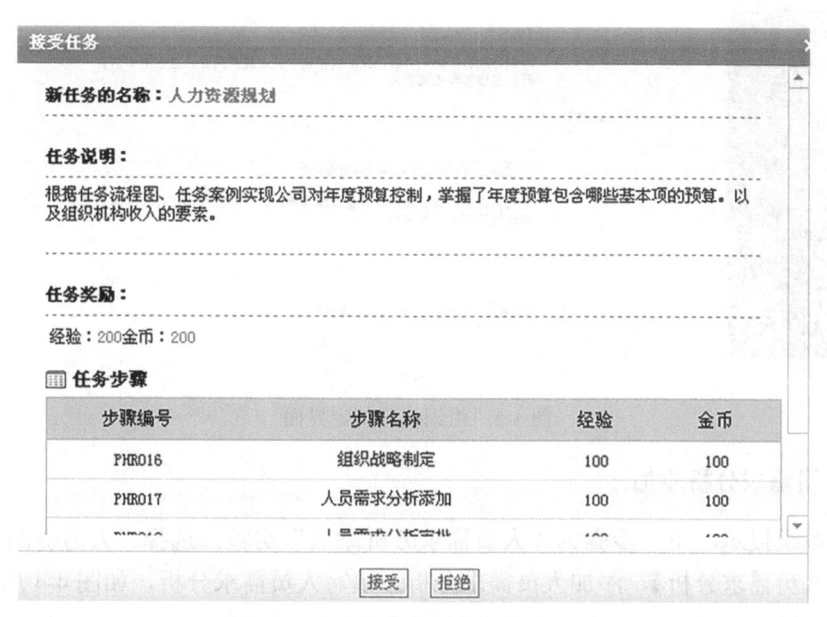

图 4-2 人力资源规划任务接受界面

1. 组织战略制定

根据系统提示，下一步骤为"组织战略制定"实验。进入人事科员李晓的账户，选择"组织设计"板块下的【组织战略制定】，添加组织战略。填写组织战略的内容，点击【确定】，如图 4-3 所示。

(a)

(b)

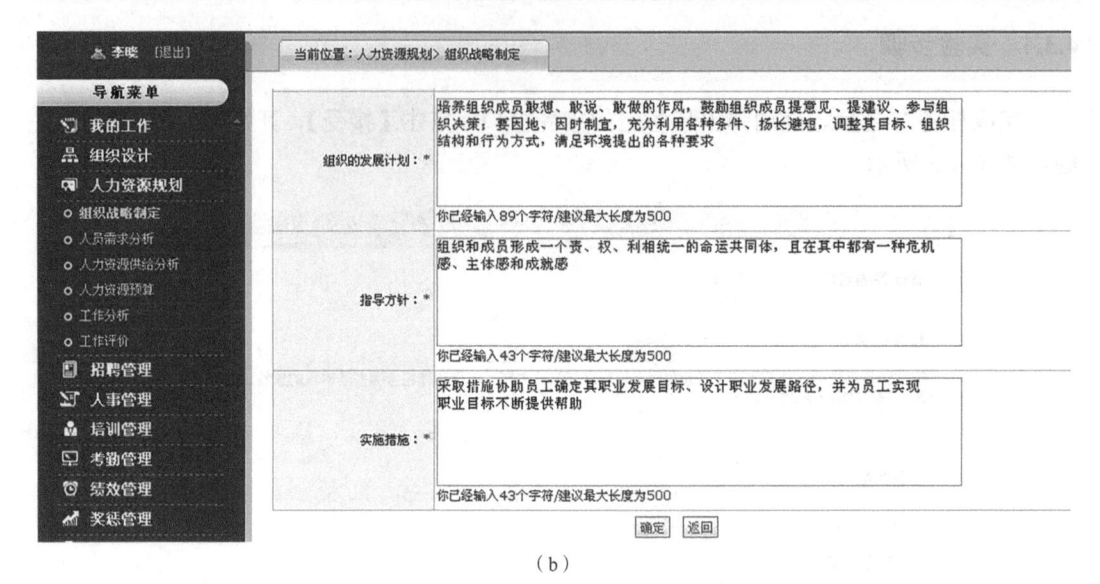

图 4-3 组织战略制定界面

2. 人员需求分析添加

根据系统提示，下一步骤为"人员需求分析添加"实验。选择"人力资源规划"板块下的【人员需求分析】，添加人员需求分析。填写人员需求分析，如图 4-4 所示。

图 4-4 人员需求分析添加界面

3. 人员需求分析审批

根据系统提示，下一步骤为"人员需求分析审批"实验。在"所有的"状态中显示人员需求分析列表，选中刚刚添加的需求分析，如图 4-5 所示。提交之后的"需求分析"处于"待审批"状态，需切换人事科长李明的账户进行审批。申请需要逐级审批，进入人事科长李明的账户，对提交的"需求分析"进行审批，如图 4-6 所示。审批结束后，再进入处长王军的账户进行审批，操作如上步骤。经过科长、处长一个完整的审核过程，该"需求分析"的状态,才会显示为"已审批",如图4-7所示。

图 4-5 人员需求分析提交界面

图 4-6 人员需求分析待审批显示界面

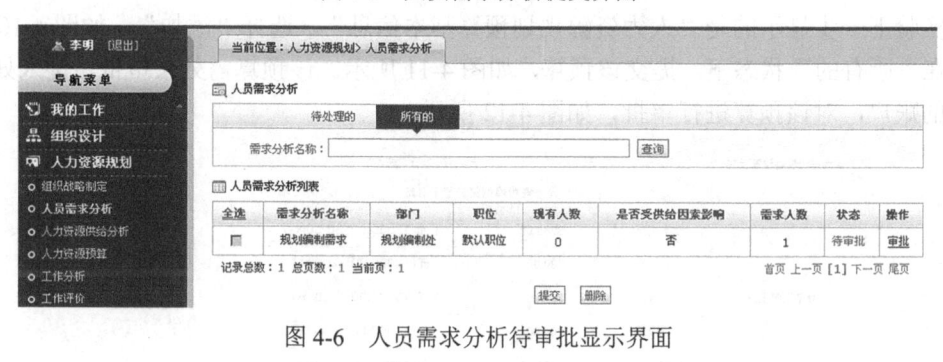

图 4-7 人员需求分析已审批显示界面

4. 人力资源供给分析

根据系统提示,下一步骤为"人力资源供给分析"实验。切换用户,进入人事科员李晓的账户,添加【人力资源供给分析】,如图4-8所示。

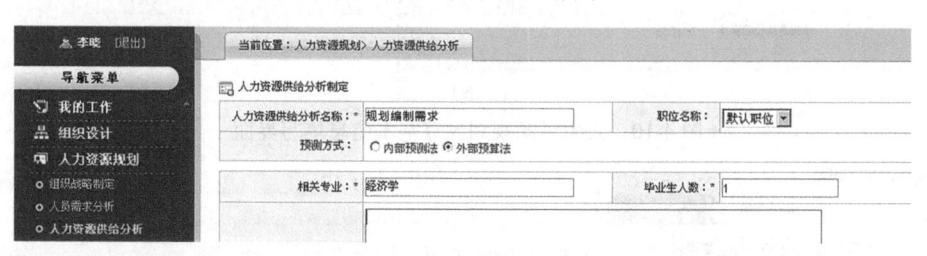

图 4-8 人力资源供给分析界面

5. 人力资源预算添加及审批

根据系统提示,下一步骤为"人力资源预算添加及审批"实验。进入人事科长李明的账户,选择"人力资源规划"板块下的【人力资源预算】,添加人力资源预算,如图4-9所示。

图 4-9　人力资源规划预算添加界面

实验下一步显示的是"人力资源规划预算基本信息",选择"添加",如图 4-10 所示。在"所有的"状态下,提交该预算,如图 4-11 所示。该预算需处长审批,进入处长王军的账户,对该预算进行审批,如图 4-12 所示。

(a)

(b)

图 4-10　人力资源规划预算基本信息填写界面

图 4-11　人力资源预算提交界面

图 4-12 人力资源预算审批界面

6. 工作分析

根据系统提示，下一步骤为"工作分析"实验。进入人事科员李晓的账户，选择"人力资源规划"板块下的【工作分析】，点击操作下方的【制定】，如图 4-13 所示。填写工作分析的具体内容，如图 4-14 所示。

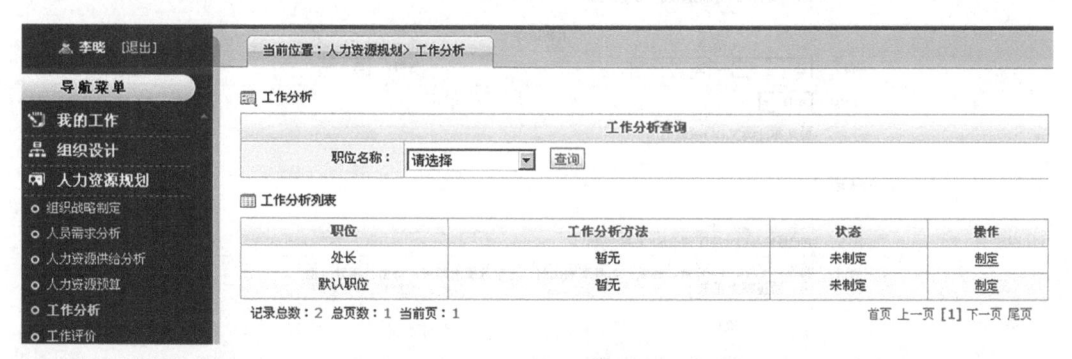

图 4-13 工作分析界面

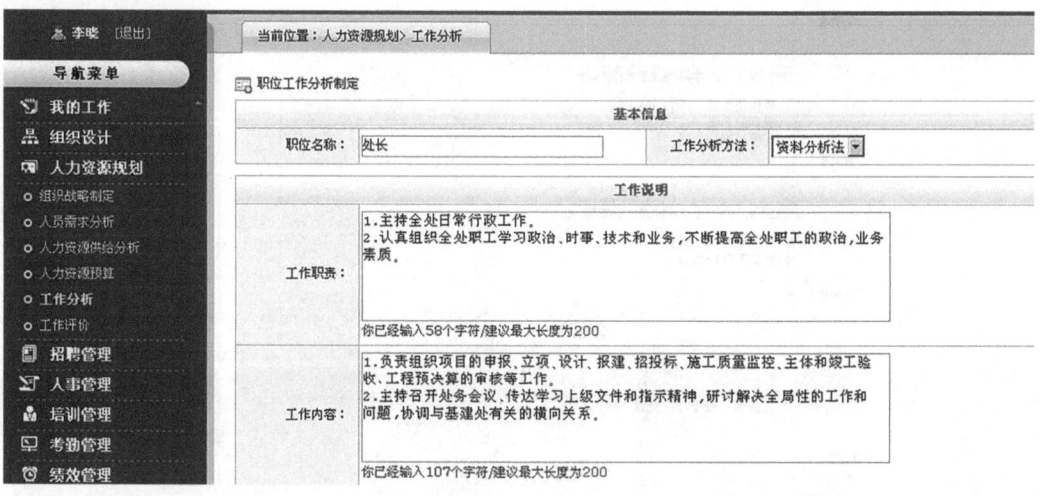

(a)

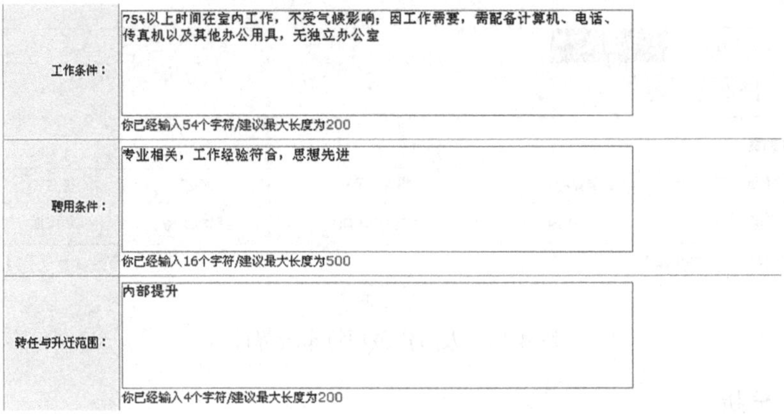

工作条件：	75%以上时间在室内工作，不受气候影响；因工作需要，需配备计算机、电话、传真机以及其他办公用具，无独立办公室

你已经输入54个字符/建议最大长度为200

聘用条件：	专业相关，工作经验符合，思想先进

你已经输入16个字符/建议最大长度为500

转任与升迁范围：	内部提升

你已经输入4个字符/建议最大长度为200

（b）

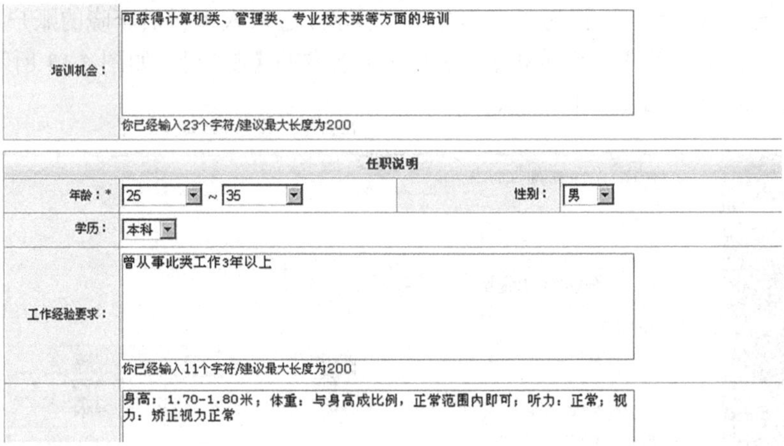

培训机会：	可获得计算机类、管理类、专业技术类等方面的培训

你已经输入23个字符/建议最大长度为200

任职说明

年龄：*	25 ~ 35	性别：	男
学历：	本科		

工作经验要求：	曾从事此类工作3年以上

你已经输入11个字符/建议最大长度为200

身高：1.70-1.80米；体重：与身高成比例，正常范围内即可；听力：正常；视力：矫正视力正常

（c）

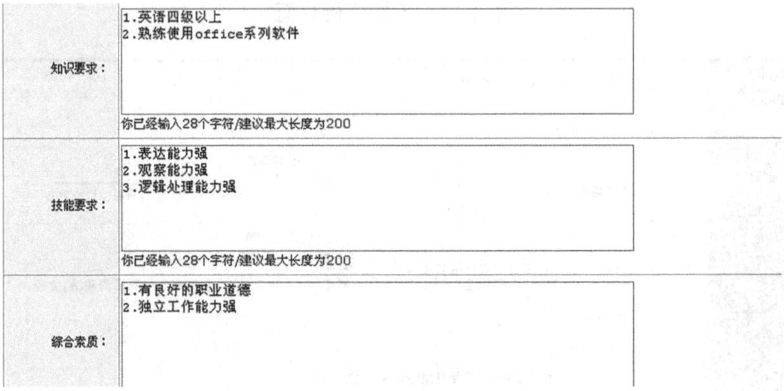

知识要求：	1．英语四级以上 2．熟练使用office系列软件

你已经输入28个字符/建议最大长度为200

技能要求：	1．表达能力强 2．观察能力强 3．逻辑处理能力强

你已经输入28个字符/建议最大长度为200

综合素质：	1．有良好的职业道德 2．独立工作能力强

（d）

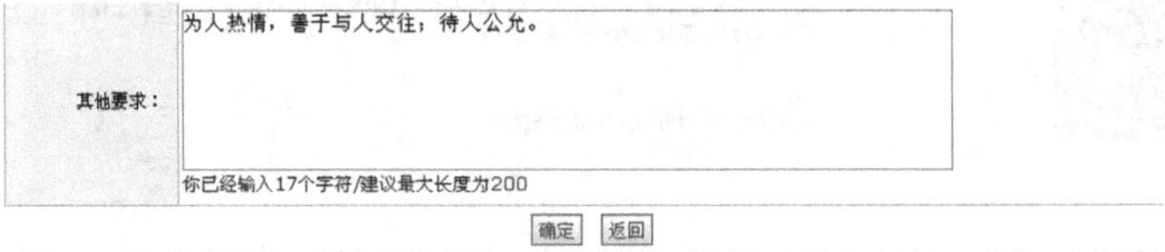

其他要求：	为人热情，善于与人交往，待人公允。

你已经输入17个字符/建议最大长度为200

确定 返回

（e）

图 4-14 工作分析制定界面

7. 工作评价

根据系统提示，下一步骤为"工作评价"实验。选择"人力资源规划"板块下的【工作评价】，点击操作下方的【评价】，如图4-15所示，填写评价的具体内容。

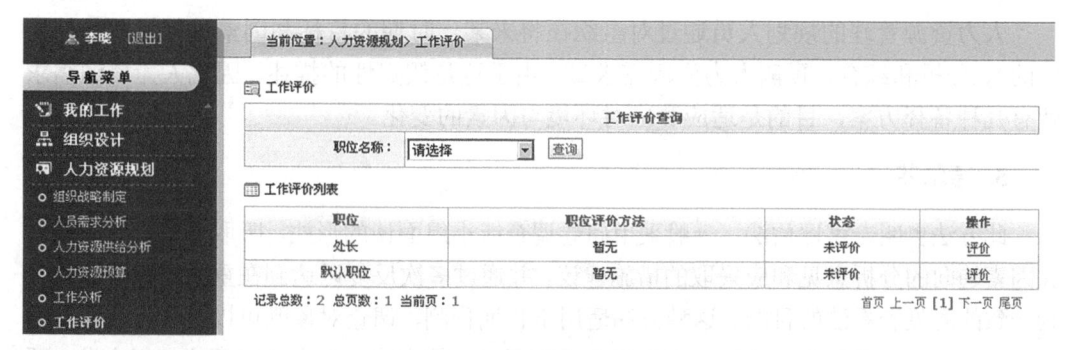

图 4-15 工作评价界面

4.4 相关知识

4.4.1 人力需求预测方法

1. 现状预测法

在人力资源管理中，现状预测法属于一种最简便的预测方法，适用于短期的预测。这种方法假定组织的员工总数与结构完全能适应预期的需求，管理者只需要安排适当的人员在适当的时间内去补缺即可，如替补晋升和跳槽者的工作岗位。

2. 经验预测法

这种根据以往的经验进行预测的方法，简便易行。有些组织常采用这种方法做预测。例如，组织认为车间里一个管理者（如工头）管理10个员工最佳，因此依据将来生产员工的增加数就可以预测管理者（如工头）的需求量。又例如，依照经验，一个员工每天可以加工10件上衣，若要扩大生产规模即可按产量（如上衣件数）计算出员工的需求量。运用这种方法，还可以计算出有关方面的预报数。

3. 微观集成法

微观集成法是由组织的各级管理者根据需要预测对各种人员的需求量，然后由人力资源管理的规划人员综合各部门的预测，形成总体预测方案。这种方法可以分为自上而下和自下而上两种方式。

自上而下是先由组织的高层管理者拟定组织的总体用人目标和计划，然后逐级下达到各具体职能部门，开展讨论和进行修改，再将有关意见汇总后反馈回高层管理者，由高层管理者据此对总的预测和计划做出修正后，公布正式的目标和政策。这种方法适用于短期预测，在组织作总体调整和变化时尤其方便。

自下而上是组织中的各个部门根据本部门的需要预测将来某时期内对各种人员的需

求量，然后由人力资源部进行横向和纵向的汇总，最后根据企业经营战略形成总体预测方案。此法适用于短期预测和组织的生产比较稳定的情况。

4. 描述法

人力资源管理的规划人员通过对组织在将来某一时期的目标和因素进行描述（假定性的）、分析和综合，预测人力资源需求量。由于这是假定性的描述，因此人力资源需求就有几种备择方案，目的是适应和应对环境与因素的变化。

5. 德尔菲法

此方法也叫专家评估法，一般采用问卷调查或小组面谈的形式，听取专家们对未来有关因素趋向的分析意见和应采取的措施建议，并通过多次反复以达到在重大问题上取得较为一致的意见和看法的目的。这种方法适用于长期预测，调查对象既可以是个人或面对面专家小组，也可以是背靠背的专家小组。采取面对面的方式，专家之间可能相互启发；采取背靠背的方式，可以免除某一权威专家对其他专家的影响，而使每位专家独立发表看法。

6. 计算机模拟法

计算机模拟法是人力资源需求预测中最为复杂的一种方法。这是指在计算机中运用数学模型按描述法中假定的几种情况对人力资源需求进行模拟测试，并通过这种模拟测试确定人力资源需求的预测方案。当然，也可以使用这种方法对某一种情况的几种备择方案进行模拟测试，以选择一种最佳方案。后一种应用带有评估和择优的意思，也就是说，可以用于评估人力资源政策和项目。

7. 外推预测法

外推预测法是数学中的一类计算方法，有着广泛的用途。最简单的形式是直线外推，也可以有曲线，如指数平滑法，还可以有更复杂的形式。这种方法适用于短期和中期预测。

8. 回归分析法

此方法是数理统计学中的方法，比较常用。它是处理变量之间相互关系的一种统计方法。这种方法中，最简单的是一元线性回归分析，也可以是多元线性回归分析和非线性回归分析。一般而言，人力资源需求量变化起因于多种因素，故可考虑用多元线性回归分析。

9. 劳动生产率分析法

此方法是一种通过分析和预测劳动生产率，进而根据目标生产量预测人力资源需求量的方法。因此，这种方法的关键部分是如何预测劳动生产率。如果劳动生产率的增长比较稳定，那么预测就比较方便，使用效果也较佳。劳动生产率预测可直接用外推预测法，劳动生产率的增长率也可以使用外推预测劳动生产率分析法。该方法适用于短期预测。

10. 人员比例法

此方法是根据已确定的各类人员之间、人员与设备之间、人员与产量之间的各种科学的比例关系来预测人力资源需求的一种方法。

4.4.2 工作分析

工作分析是指通过一系列的程序和方法，找出某个职位的工作性质、任务、责任及完成工作所需的技能和知识的过程。工作分析通常有以下几种方法。

1. 资料分析法

利用现有的一些文件资料，如责任制文本等，其对工作的任务、责任、权力、工作负荷、任职资格等，都有一个粗略的描述，可以为工资描述和任职说明提供许多有用的信息。

2. 工作实践法

工作分析人员亲自从事需要研究的工作，由此掌握工作要求的第一手资料。

3. 现场观察法

工作分析调查人员在工作现场运用感觉器官或其他工具，在不影响被观察的公职人员正常工作的条件下，观察公职人员工作的过程、行为、内容、特点、性质、工具、环境等，并对结果进行记录，从而获取信息。

4. 面谈法

人力资源管理人员就某项工作与从事该工作的公职人员个人或小组，或其上级主管，或过去的在岗人员就工作内容或要求进行交谈与讨论。

5. 问卷调查法

根据工作分析的目的、内容，事先设计好工作问卷，由被调查者填写，然后分析人员根据回答，来确定工作的重要性、执行的难易程度，从而形成对工作分析的描述信息。

【本章小结】

本章主要介绍了人力资源规划过程，强调了这一过程在部门管理和资源优化中的关键作用。人力资源规划是一个系统化的过程，它依据部门的战略目标，确保组织在适当的时间和岗位上配备足够数量和合格的人员，涵盖了组织战略制定、人员需求分析添加及审批、人力资源供给分析、人力资源预算添加及审批，以及工作分析和工作评价等重要步骤。

通过本章的学习和实验，学生可以了解如何根据战略目标确定人力资源的需求，学会如何实现人力资源的合理配置和有效利用，掌握如何在实际工作中应用这些知识以支持组织的发展和实现组织的战略目标，促进自身深刻理解人力资源规划的理论和方法，并通过实际案例分析，提高解决实际问题的能力。

【思考题】

1. 人力资源规划是部门实现组织战略目标的重要手段之一。请说明人力资源规划如何帮助部门合理配置和有效利用人力资源，以支持组织的发展和实现组织的战略目标。

2. 人力资源供给分析在人力资源规划中起着重要的作用。请解释人力资源供给分析的概念和目的，并说明如何通过该分析来评估部门现有的人力资源情况，以及如何确定人才缺口并采取相应的措施。

【知识点链接】

模拟和情景测评

模拟和情景测评是一种评估员工在真实工作场景或情景中应对挑战和解决问题的能力的方法。它通过模拟真实的工作环境，让员工在虚拟或模拟的情景中展示他们的技能、知识和决策能力。

在模拟和情景测评中，员工通常会面临与他们实际工作相关的情景和任务。这些情景可以是虚拟的，如在线模拟器或虚拟现实环境，也可以是真实的，如角色扮演或团队协作活动。

在测评过程中，员工需要根据给定的情景和任务，做出决策、解决问题或完成特定的工作任务。他们的表现会被评估和记录，以评估他们在应对挑战和解决问题方面的能力和表现。

模拟和情景测评的优点包括以下几点。

（1）真实性：通过模拟真实工作情景，能更准确地评估员工在实际工作中的表现和能力。

（2）实时反馈：员工可以在测评过程中及时获得反馈，了解自己的表现和改进的机会点。

（3）综合能力评估：模拟和情景测评能够综合评估员工的多个能力，如决策能力、解决问题的能力、沟通能力和团队合作的能力等。

（4）预测性：通过模拟真实情景，可以预测员工在实际工作中的表现和适应能力。

（5）增强参与度：员工在模拟和情景测评中积极参与和充分投入，能够更好地展示他们的能力和潜力。

模拟和情景测评可以应用于不同的领域和职业，如管理岗位、销售岗位、客户服务岗位等。它可以帮助组织更准确地评估员工的能力和潜力，为招聘、选拔、晋升和培训等决策提供有力的依据。

第 4 章　相关图片

第5章 招聘管理

招聘管理是人力资源管理中的重要组成部分,其核心目标是为组织吸引并选拔最合适的人才,以满足组织的发展需求和实现组织的战略目标。招聘管理需要进行人力需求分析,根据组织的战略目标和业务需求,预测未来的人力需求,并确定需要招聘的职位和人数,制定招聘策略,确定招聘的目标人群,选择合适的招聘渠道,为每个招聘职位制定详细的职位描述和职位要求,明确工作内容、工作地点、工作时间以及所需的技能和经验等,组织招聘活动,包括发布招聘广告、组织招聘会、进行面试等。通过面试、测试等方式,全面评估应聘者的技能和潜力,选拔出最符合职位需求的候选人。向成功的候选人发送录用通知,并安排入职培训,帮助他们快速适应新的工作环境。

5.1 招聘管理的概念及任务

5.1.1 招聘管理的概念

招聘管理是指组织为了满足人力资源需求,通过制定和实施一系列招聘策略和活动,来吸引、筛选和选择合适的候选人加入组织的过程。招聘管理旨在确保组织能够招聘到具备所需技能和能力的人才,以支持组织的发展和实现组织目标。

5.1.2 招聘管理的任务

招聘管理是人力资源管理的一个核心环节,它涉及寻找、吸引和选拔合适的人才来满足组织的人力需求。招聘管理的主要任务包括以下几个方面。

(1)人力需求分析:根据组织的战略目标和业务需求,预测未来的人力需求,确定需要招聘的职位和人数。

(2)招聘策略制定:确定招聘的目标群体,选择合适的招聘渠道,如内部招聘、外部招聘、网络招聘等。

(3)职位描述和职位要求制定:为每个招聘职位制定详细的职位描述和职位要求,包括工作内容、工作地点、工作时间、所需技能和经验等。

(4)招聘活动组织:如发布招聘广告、组织招聘会、进行面试等。

(5)人才选拔:通过面试、测试等方式,评估应聘者的技能和潜力,选择最合适的人选。

(6)录用通知和入职培训安排:向被录用的人才发送录用通知,安排入职培训,帮助他们尽快适应新的工作环境。

5.2 系统综述

5.2.1 系统简介

招聘管理模块主要是按照实际的招聘与录用的流程,从部门产生招聘需求,到确定招聘计划;从考试审批、复试审批,以及面试审批之后的决策审批,到通过后进行体检,之后发布录用信息,并通知报到进入合同管理中的试用期。

人力资源管理教学实践平台中的招聘管理环节包含确定招聘需求、确定招聘计划、发布招聘信息、甄选、体检和评估招聘计划,让学生可以很快进入模拟实验状态。

5.2.2 实验流程

本章的实验包括招聘需求添加及审批、招聘计划制订及审批、招聘计划岗位发布、招聘计划暂停、招聘计划重新发布、招聘计划停止、简历添加、工作申请审批、考试审批、复试审批、面试审批、决策审批、体检、新员工报到、新员工录用、新员工合同签订及查看、费用申请及审批、人才库添加,具体流程如图 5-1 所示。

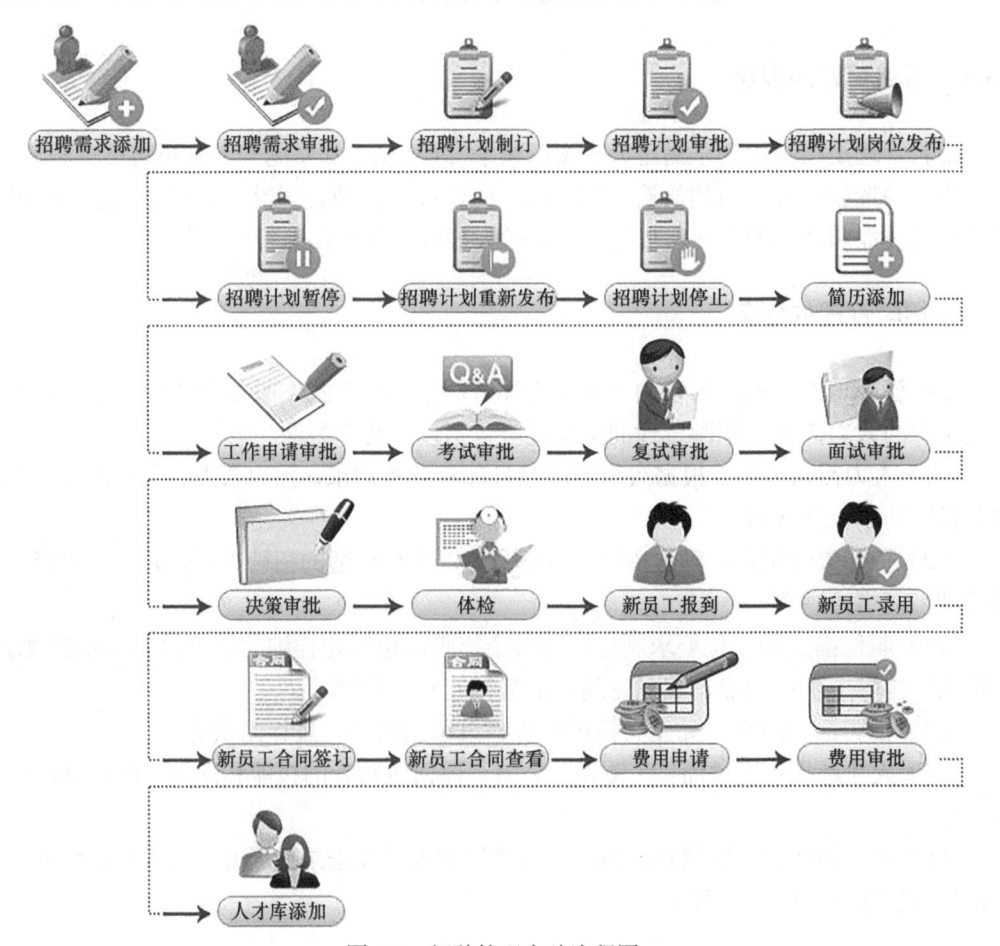

图 5-1 招聘管理实验流程图

5.2.3 实验目的

人力资源的甄选和录用是人力资源部门的一项基本任务，是在人力资源规划与预测的基础上，为组织吸收、任用和选拔新的合格人才，以维持组织人员自然循环的需求，保证组织任务的完成和目标的实现。

5.3 实验指导

5.3.1 实验情景

新安市规划局制订出详尽的招聘计划并选择通过网上公开选拔的方式进行发布。应聘岗位的人员添加自己的个人简历，进行工作申请。招聘结束之后，规划局对人员进行甄选，通过的人员进行体检，体检通过，规划局将进行录用信息的发布，被录用的新员工报到，并与之签订合同。

5.3.2 实验数据

本章实验数据有招聘需求（表 5-1）、招聘计划基本信息（表 5-2）、招聘计划详细信息（表 5-3）、新进人员简历（表 5-4）、体检（表 5-5）、费用管理（表 5-6）、新员工报到（表 5-7）、人才库添加（表 5-8）。

表 5-1 招聘需求

项目	基本信息
招聘需求名称	规划编制需求
招聘的职位名称	财务科员
工作描述	1. 编制财务收支计划、信贷计划 2. 组织财务制度办法的制定及其落实执行 3. 资金的筹集调度，保证资金在使用上的安全可靠 4. 汇报财务制度、经济责任制的执行落实情况及其存在的问题，并提出解决意见
招聘的人数	1 人
年龄	25—35 岁
性别	女
部门现状	缺少财务科员
组织结构是否变化	不变化
专业需求	大专及以上，需从事财务工作至少 3 年
需求原因	规划编制需求
备注	认真负责、工作细心、敢于坚持原则

表 5-2 招聘计划基本信息

项目	基本信息
招聘计划名称	规划编制
所需需求分析名称	规划编制需求
招聘需求申请名称	规划编制需求

续表

项目	基本信息
职位名称	默认职位
部门名称	规划编制处
计划费用	1000 元
招聘数量	1 人
开始日期	2009-10-01
结束日期	2009-10-30

注：表格中的日期可根据实际实验日期进行调整和修改，此日期仅作参考

表 5-3　招聘计划详细信息

项目	基本信息
性别	女
年龄	25—35 岁
文化程度	本科
工作经验	2—5 年
专业	经济学
工资待遇	2500—3500 元
职位描述	1. 编制财务收支计划、信贷计划 2. 组织财务制度办法的制定及其落实执行 3. 资金的筹集调度，保证资金在使用上的安全可靠 4. 汇报财务制度、经济责任制的执行落实情况及其存在的问题，并提出解决意见
招聘来源	组织外部
招聘渠道	就业机构征招

表 5-4　新进人员简历

姓名	朱建	性别	男
民族	汉族	出生年月	1978-01-01
国家或地区	中国大陆	户口所在地	新安
证件类型	身份证	证件号	320104197801011231
目前年薪	30 000 元	币种	人民币
政治面貌	党员	婚姻状况	未婚
毕业院校	南京大学	专业	经济学
文化程度	本科	工作年限	2—5 年
公司电话	83494818	联系地址	铁路北街 1 号
手机号码	15912345671	E-mail	zhujian@126.com
家庭电话	83400001	邮编	210003
家庭地址	福建路 1 号		

表 5-5　体检

项目	基本信息
体检内容	入职体检
身体状况	健康
疾病说明	无病史
体检结果	通过

表 5-6 费用管理

项目	基本信息
费用申请名称	招聘费用
招聘计划名称	项目部招聘
费用类型	招聘
费用金额	1000 元
详细说明	用于支付招聘环节所需的费用

表 5-7 新员工报到

工号	AllPass_N_07	入职时间	2009-01-01
参加工作时间	2005-01-01	带薪休假天数	5 天
职位工资	500 元		
绩效系数	100	绩效工资	200 元
社保基数	1455 元	公积金基数	500 元

表 5-8 人才库添加

姓名	顾叶	性别	女
民族	汉族	出生年月	1979-08-01
国家或地区	中国	户口	江苏
证件类型	身份证	证件号	320104197908011238
目前年薪	30 000 元	币种	人民币
政治面貌	党员	婚姻状况	未婚
毕业院校	南京大学	专业	经济学
文化程度	本科	工作年限	2—5 年
公司电话	83490008	联系地址	福建路 8 号
手机号码	15912345678	邮箱	guye@126.com
家庭电话	83490008	邮编	210003
家庭地址	福建路 8 号		

5.3.3 实验任务

本章实验的主要任务包括：招聘需求添加及审批；招聘计划制订；招聘计划审批；招聘计划岗位发布；招聘计划暂停及重新发布；招聘计划停止；简历添加；工作申请审批；考试、复试、面试及决策审批；体检；新员工报到；新员工录用；新员工合同签订及查看；费用申请；费用审批；人才库添加。

5.3.4 实验步骤

完成任务三之后，系统自动弹出任务四的接受窗口，点击【接受】，开始招聘管理实验，如图 5-2 所示。

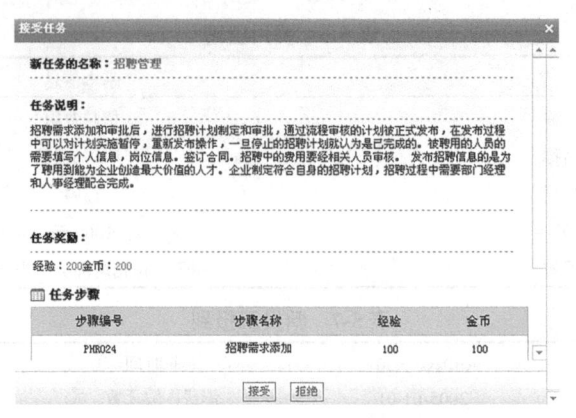

图 5-2　招聘管理任务接受界面

1. 招聘需求添加及审批

根据系统提示，下一步骤为"招聘需求添加"实验。在人事科员李晓的账户中，选择"招聘管理"板块下的【招聘需求】，添加招聘需求，填写招聘需求申请，如图 5-3 所

（a）

（b）

图 5-3　招聘需求添加界面

示。确认后，进入普通科长王海的账户。在"所有的"状态下，对该招聘需求进行提交，如图 5-4 所示。招聘申请需要审批，进入人事科长李明的账户，审批该招聘需求，点击操作下方的【审批】，填写审批说明，选择要执行的操作，完成招聘需求的审批流程，如图 5-5 和图 5-6 所示。

图 5-4 招聘需求提交界面

图 5-5 招聘需求待审批界面

图 5-6 招聘需求审批界面

2. 招聘计划制订

根据系统提示，下一步骤为"招聘计划制订"实验。进入人事科员李晓的账户。添加招聘计划，填写招聘计划的基本信息和详细信息，点击【提交】。由于后面的操作需要，这里自行再添加一个招聘计划[①]，如图 5-7 所示，并在"所有的"状态下，将该招聘计划

---

① 招聘计划时间设置应比当前时间早。

提交，如图 5-8 所示。

图 5-7 招聘计划添加界面

图 5-8 招聘计划提交界面

3. 招聘计划审批

根据系统提示，下一步骤为"招聘计划审批"实验。进入人事科长李明的账户。点击操作下方的【审批】，如图 5-9 所示，填写审批说明，选择要执行的操作，如图 5-10 所示。审批通过后，切换用户，进入处长王军的账户，进行再一次审核，经过这两次审核，完成招聘人员审批流程。

图 5-9　招聘计划待审批界面

图 5-10　招聘计划审批界面

4. 招聘计划岗位发布

根据系统提示，下一步骤为"招聘计划岗位发布"实验。切换用户，进入人事科员李晓的账户。在"招聘管理"板块下选择【岗位发布】，选择要发布的岗位，点击【发布】，如图 5-11 所示。

图 5-11　岗位发布界面

5. 招聘计划暂停及重新发布

根据系统提示，下一步骤为"招聘计划暂停"实验。在"执行中"的状态下，可以对执行中的岗位发布进行"暂停"或者"停止"的操作，如图 5-12 所示。如若重新启动暂停的岗位发布，可重新发布该招聘，点击操作下方的【重新发布】，如图 5-13 所示。

图 5-12　岗位发布暂停界面

图 5-13　岗位重新发布界面

6. 招聘计划停止

根据系统提示，如若要停止招聘，则选择【停止】，需要特别注意的是，停止的招聘不能再重新开始，为演示所需，我们这里停止的是另行添加的招聘计划，在这里即名称为"1"的招聘计划，如图 5-14 所示。也可以导出招聘计划信息表，查看招聘计划信息，点击列表下方的【导出】，如图 5-15 所示。

图 5-14　岗位发布停止界面

图 5-15　招聘计划导出界面

第 5 章 招聘管理

7. 简历添加

招聘结束后，根据系统提示，下一步骤为"简历添加"实验。选择"招聘管理"板块下的【工作申请审批】，点击操作下方的【工作申请审批】，如图 5-16 所示。操作工作申请审批后，点击【添加简历】添加相关人员的简历，如图 5-17 所示。按照表格要求填写简历相关信息，如图 5-18 所示。

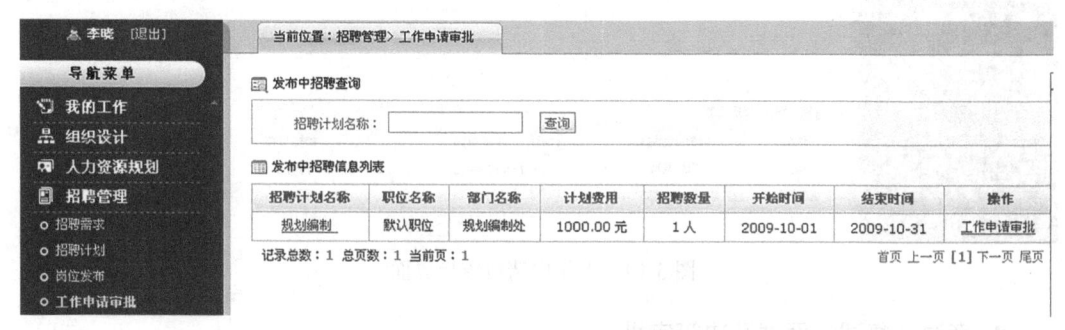

图 5-16 工作申请审批界面

图 5-17 简历添加界面

图 5-18 简历填写界面

8. 工作申请审批

根据系统提示，下一步骤为"工作申请审批"实验。切换用户，进入普通科长王海的账户，对该工作申请进行审批，点击操作下方的【审批】，如图 5-19 所示。普通科长王海审批后，需切换用户，进入人事科长李明的账户，进行二次审批。接着，切换用户，进入处长王军的账户，进行三次审批。经过三次审批后，该工作审批流程完成。

图 5-19　工作申请待审批界面

9. 考试、复试、面试及决策审批

根据系统提示，下一步骤为"考试审批"实验。切换用户，进入普通科长王海的账户，选择"招聘管理"板块下的【甄选】。甄选分为四个审批，分别是考试审批、复试审批、面试审批和决策审批，如图 5-20 所示。

图 5-20　甄选界面

（1）考试审批和复试审批的过程是一样的，都是先由普通科长王海进行审批，接着切换用户，由人事科员李晓进行审批。

（2）面试审批是先由普通科长王海进行审批，接着切换用户，由人事科长李明进行审批。

（3）决策审批是先由人事科长李明进行审批，接着切换用户，由处长王军进行审批。

10. 体检

根据系统提示，下一步骤为"体检"实验。切换用户，进入人事科员李晓的账户，选择"招聘管理"板块下的【体检】，点击操作下方的【体检】，如图 5-21 所示。进入体检后，填写体检基本信息，如图 5-22 所示。体检通过，即可发布录用通知，选择"招聘管理"板块下的【录用信息发布】，点击操作下方的【发布】，如图 5-23 所示，填写能力

第 5 章 招聘管理

价值所占比重，点击【发布】，如图 5-24 所示。

图 5-21 体检界面

图 5-22 体检信息填写界面

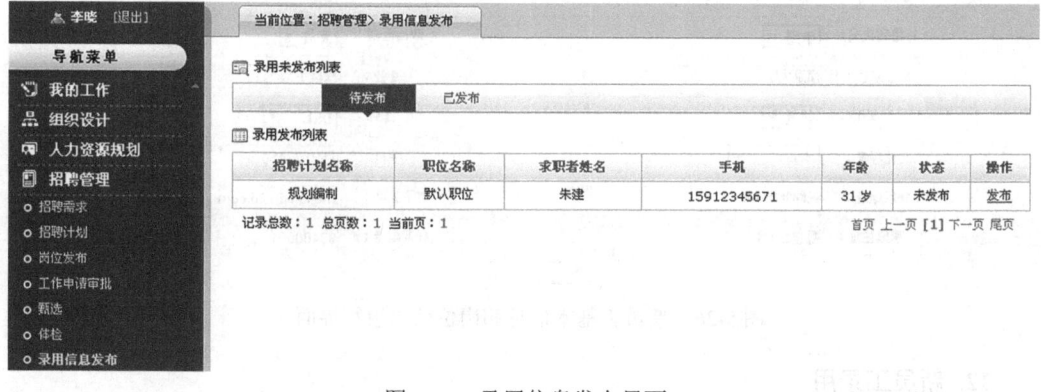

图 5-23 录用信息发布界面

能力价值编号	能力价值所占比重（%）
人际交往能力	50
决策能力	50
受教育程度	50
生理条件	50

图 5-24　能力价值所占比重填写界面

11. 新员工报到

根据系统提示，下一步骤为"新员工报到"实验。选择"招聘管理"板块下的【新员工报到】，点击操作下方的【报到】，如图 5-25 所示。填写新员工基本信息以及岗位信息，点击【确定】，如图 5-26 所示。

图 5-25　新员工报到界面

图 5-26　新员工基本信息和岗位信息填写界面

12. 新员工录用

根据系统提示，下一步骤为"新员工录用"实验。切换用户，进入普通科长王海的账户。在"已报到"状态下,对新员工进行审批,点击操作下方的【审批】,如图 5-27 所示。填写审批说明,选择要执行的操作,点击【确定】,如图 5-28 所示。切换用户,进入人事科长李明的账户,对该用户录用进行再次审批。

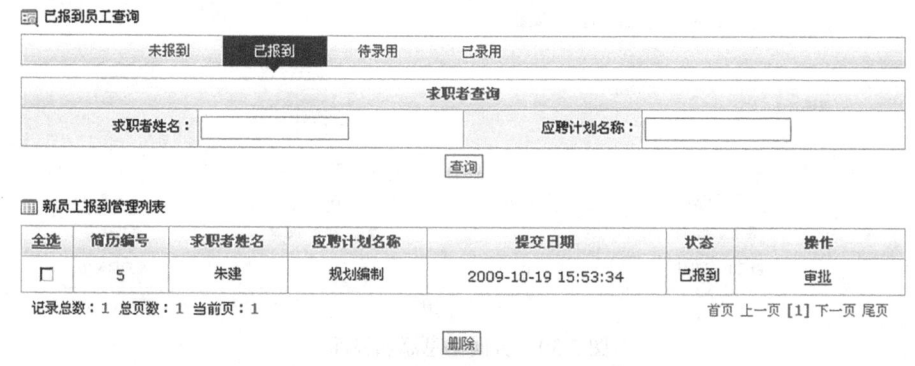

图 5-27 新员工报到管理列表界面

图 5-28 员工录用审批界面

13. 新员工合同签订及查看

根据系统提示,下一步骤为"新员工合同签订及查看"实验。在"待录用"状态下,点击操作下方的【制订合同】,如图 5-29 所示,设置劳动合同等相关信息,点击【下一步】,如图 5-30 所示,填写合同内容,如图 5-31 所示,完成新员工的合同签订程序,点击【确定】后,也可查看新员工的合同。

图 5-29 制订合同界面

图 5-30　合同信息添加界面

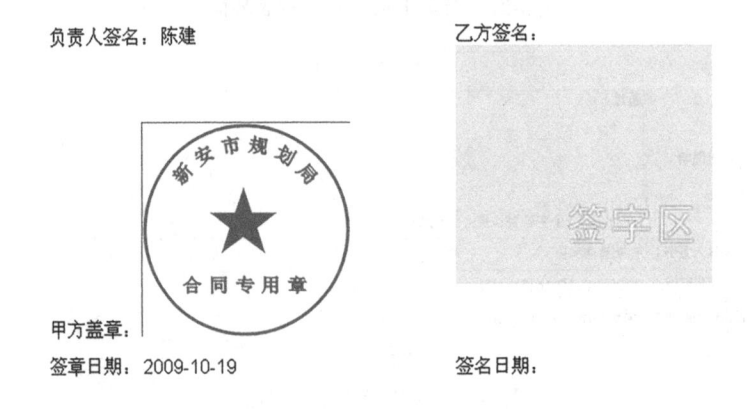

图 5-31　合同内容填写界面

值得注意的是，到此实验环节，本次招聘计划已完成，故应返回"岗位发布"板块，将名为"规划编制"的招聘计划停止，并按照【权限管理】实验操作对朱建授权为财务科员。

招聘计划结束后，要根据招聘计划对本次招聘进行评估，选择"招聘管理"板块下的【录用评估】，选中这两个招聘计划，选择评估方式，依次进行评估，如图 5-32 所示。

14. 费用申请

招聘结束后，要对招聘过程产生的费用进行管理，根据系统提示，进行"费用申请"实验。切换用户，进入人事科员李晓的账户，选择"招聘管理"板块下的【费用管理】，点击【申请】，添加招聘费用，如图 5-33 所示。

图 5-32　录用评估界面

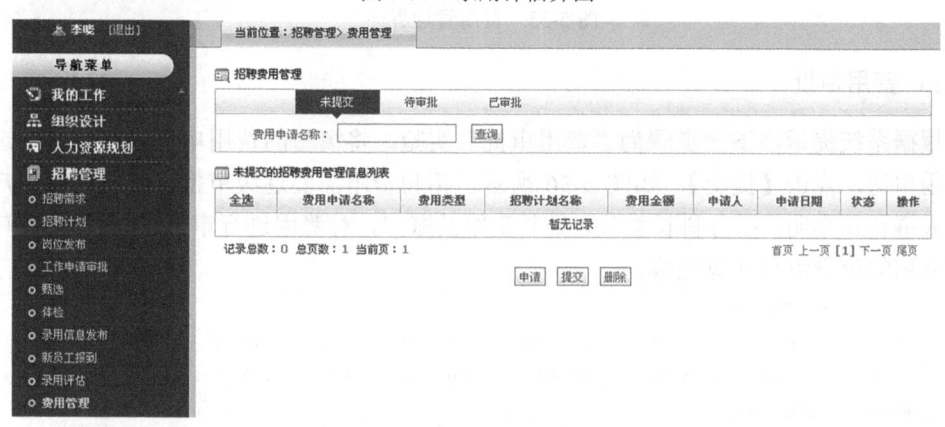

图 5-33　费用管理界面

值得注意的是，由于费用的添加涉及费用类型的选择，所以这里先添加费用类型。选择"系统配置"板块下的【费用类型配置】，添加费用类型。"费用所属模块"选择招聘时添加招聘费用，"费用所属模块"选择培训时添加培训费用，如图 5-34 所示。添加完费用类型后，再回到"招聘管理"板块下的【费用管理】，进行费用的添加，填写费用申请的具体内容，如图 5-35 所示。

图 5-34　费用类型配置界面

图 5-35　费用管理界面

15. 费用审批

根据系统提示，下一步骤为"费用审批"实验。将填写的费用申请进行提交，选中该费用申请，点击【提交】，如图 5-36 所示。招聘费用需要逐级审批，依次切换用户，进入人事科长李明、财务科长吴兵、处长王军的账户，对费用进行审批，经过逐个审批，招聘费用的审批流程才算完成。

图 5-36　招聘费用提交界面

16. 人才库添加

根据系统提示，下一步骤为"人才库添加"实验。选择"招聘管理"板块下的【人才库维护】。添加人才，如图 5-37 所示。

图 5-37　人才库添加界面

5.4 相关知识

5.4.1 招聘质量

对每个招聘的职位，人力资源人员须根据职位能力完成一个标准的职位能力图，该图说明了该职位上的工作人员的素质有哪些，能力水平如何，进而与招聘人员在该职位的能力进行对比。招聘人员越接近标准职位能力图，则说明其质量越高，同时说明招聘的质量越高。

5.4.2 体检

应聘人员参加完体检后，人事管理部门根据应聘人员的体检状况为其录入体检信息，如果应聘人员有规定的不能参加工作的疾病或在该工作中会加重病状的情况，则可以选择将应聘者淘汰。

【本章小结】

本章主要介绍了人力部门在人力资源管理中甄选和录用的关键性及其详细流程。在人力资源规划和预测的基础上，人力部门需要制订招聘计划，经过审批后发布岗位和招聘需求，对申请人进行筛选和评估、发布录用信息，并安排新员工的报到和录用审批、合同签订等。通过以上流程，人力部门能够吸收、任用和选拔合格的人才，以满足组织的人力资源需求，确保组织任务的完成和目标的实现。招聘和录用过程的规范性和透明度对于部门的人力资源管理至关重要，可以提高招聘的效率和质量，保证公平竞争和公正评价，增强组织的公信力和形象。

本章的学习和实验，可以使学生更深入地理解人力部门人力资源甄选和录用的重要性及其操作流程，有助于学生在未来的职业生涯中应用这些知识来进行有效的人力资源管理，也能够培养学生对人力部门工作的理解和兴趣，为将来可能的公共服务职业做好准备，学生还可以通过案例学习和模拟练习来提高自己在实际工作中处理复杂人事问题的能力。

【思考题】

1. 随着科技的发展和互联网的普及，传统的人员招聘方式正在发生革命性的变化，请探讨如何利用人工智能和大数据分析等新技术手段，提高人力资源管理中人员招聘的效率和质量。

2. 多元化和包容性已成为当今社会的重要价值观，对于人力资源管理中的人员招聘来说也是如此，请讨论如何在招聘过程中积极推动多元化和包容性，以吸引并选拔具有不同背景和特长的人才，增强组织的创新能力和竞争力。

【知识点链接】

结构化面试和非结构化面试

结构化面试和非结构化面试是两种常见的面试方式，用于评估候选人的能力、经验和适应性。它们在面试问题的组织和策划上存在差异。

结构化面试是一种系统化的面试方法，面试官会提前准备好一套固定的问题，并按照相同的顺序和方式向所有候选人提问。这种面试方式通常使用标准化的评分表来评估候选人的回答，以便进行客观的比较和评估。结构化面试的优点是能够确保公平性和一致性，减少主观性评价的影响，提高评估的可靠性和有效性。

非结构化面试则是一种更自由和开放的面试方式，面试官可以根据候选人的回答灵活地调整问题和追问。这种面试方式更加注重候选人的个人特质、沟通能力和解决问题的能力。非结构化面试的优点是能够更好地了解候选人的个性和思维方式，更全面地评估候选人的适应性和潜力。

两种面试方式各有优劣，选择何种方式主要取决于招聘目标和岗位要求。结构化面试适用于需要客观评估和比较候选人的情况，而非结构化面试适用于更加注重候选人个人特质和能力的情况。在实际应用中，也可以将两种面试方式结合起来，根据具体情况灵活运用。

第 5 章　相关图片

第 6 章　人　事　管　理

人力资源管理中的人事管理是指组织或企业对员工的全面管理和协调，为员工提供必要的培训和发展机会，旨在确保组织能够吸引、选择和留住具有适应能力和潜力的人才。通过制定绩效评估体系，人事管理可以评估员工的工作表现，并根据绩效结果提供适当的激励措施，如奖励和晋升。此外，人事管理还负责制定和管理员工的薪酬和福利体系，确保员工能够得到公平、合理的报酬和福利待遇。同时，人事管理还需要维护与员工和工会之间的良好劳动关系，处理劳动纠纷和员工关系问题，以保持组织内部的和谐与稳定。通过有效的人事管理，组织能够更好地管理和发展员工，提高员工的工作效能和满意度，从而实现组织的目标和长期发展。

6.1　人事管理的概念及作用

6.1.1　人事管理的概念

人事管理是指某一部门为实现一定的目标，对所属工作人员进行选拔、使用、培养、考核、奖惩等一系列的管理活动，主要关注日常性、具体性的事务，旨在通过科学的方法，正确的用人原则及合理的管理制度，调整人与人、人与事、人与组织的关系。

6.1.2　人事管理的作用

人事管理在组织中起着至关重要的作用，它能够帮助组织吸引、选择和留住具有适应能力和潜力的人才，提高员工的工作效能和满意度。以下是人事管理的几个主要作用。

（1）人才招聘和选拔：人事管理负责组织招聘和选拔活动，确保能够吸引适合岗位的优秀人才，从而提高组织的竞争力。

（2）培训和发展：人事管理通过制订培训计划和提供发展机会，帮助员工提升技能和知识水平，从而提高他们的工作表现和职业发展。

（3）绩效评估和激励：人事管理制定绩效评估体系，对员工的工作表现进行评估，并根据绩效结果提供适当的激励措施，如奖励和晋升，以激励员工的积极性和努力。

（4）薪酬福利管理：人事管理负责制定和管理员工的薪酬和福利体系，确保员工能够得到公平、合理的报酬和福利待遇，提高员工的满意度和忠诚度。

（5）劳动关系管理：人事管理维护与员工和工会之间的良好劳动关系，处理劳动纠纷和员工关系问题，以保持组织内部的和谐与稳定。

通过有效的人事管理，组织能够更好地管理和发展员工，提高组织的绩效和竞争力，实现组织的目标和长期发展。

6.2 系统综述

6.2.1 系统简介

人事管理主要是对员工基本信息的一些数据维护。人事管理模块可以方便企业更好地对员工进行管理，对员工的一些历史资料和现有资料进行详细的统计了解。

人力资源管理教学系统软件中的人事管理环节包含员工添加、合同签订、任职提名、免职申请、调入申请、调出申请、变动申请、转任申请、挂职申请、回避申请、离职申请、辞退申请、离休申请、退休申请以及强制退休管理等，学生可以更加熟悉人力部门对人员的管理过程。

6.2.2 实验流程

本章的实验环节主要包括员工信息维护、合同管理（其中包括我的合同签订、合同添加、合同终止、合同续签）、任职提名及审批、调入申请及审批、调出申请及审批、变动申请及审批、转任申请及审批、挂职申请及审批、回避申请及审批、离职申请及审批、辞退申请及审批、离休添加及审批、退休添加及审批、强制退休添加及审批，具体实验流程如图6-1所示。

6.2.3 实验目的

（1）掌握人事管理理论和概念：深入理解人事管理的基本概念、原理和工作流程，学习人事管理的主要职能和任务。

（2）掌握人事管理流程：熟练掌握人事管理工具，管理人事数据和信息，通过实践提升管理和处理人力资源数据的能力，支持人事管理工作。

（3）问题解决与创新能力：培养学生分析和解决人事管理问题的能力，通过实际案例处理复杂情景中的管理问题，激发学生的创新思维，探索新方法和工具改进人事管理实践。

（4）职业素养与准备：通过模拟真实情景，培养学生的专业素养和职业态度，提升面向实际工作的技能和素质，为未来从事人事管理相关职业做好准备。

图 6-1　人事管理实验流程图

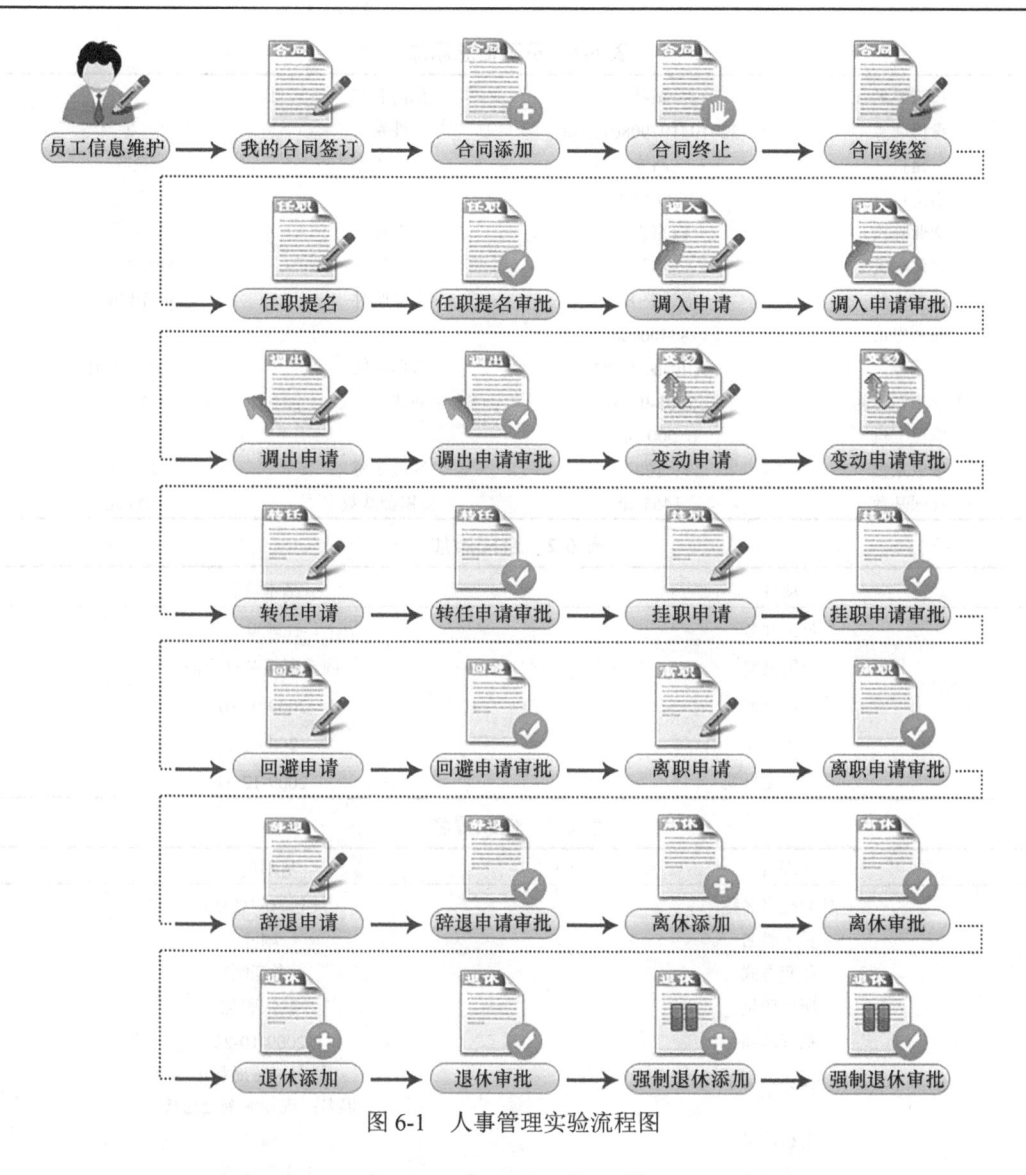

6.3　实验指导

6.3.1　实验情景

人事部门可以对员工信息进行管理，查看他们的合同，并及时对将要到期的合同进行处理，选择是终止还是续签。人事科员能够进行任职提名、调入、调出、变动、转任、挂职、回避、离职、辞退、离休、退休以及强制退休的申请，这些申请均需要通过层层审批才能实现。

6.3.2　实验数据

本章的实验数据有员工信息添加（表 6-1）、合同添加（表 6-2）、任职提名（表 6-3）。

表6-1 员工信息添加

员工姓名	顾叶	部门名称	
身份证号	320104197908011238	性别	女
籍贯	新安	雇佣类型	全职
出生年月	1979-08-01	民族	汉族
毕业院校	南京大学	专业	经济学
文化程度	本科	手机	15912345678
联系地址	福建路8号	电子邮件	guye@126.com
联系电话	83400008		
工号	AllPass_N_07	入职时间	2009-01-01
参加工作时间	2005-01-01	带薪休假天数	5天
职位工资	500元		
绩效系数	100	绩效工资	200元
社保基数	1455元	公积金基数	500元

表6-2 合同添加

项目	基本信息
员工姓名	顾叶
合同类型	固定期限劳动合同
签订日期	2009-01-01
生效日期	2009-1-1
正常终止日期	2009-12-31

表6-3 任职提名

项目	基本信息
任职提名名称	规划编制处处长
员工姓名	顾叶
任职方式	考任制
所属职位	默认职位
执行时间	2009-10-22
详细信息	原职：普通科员 提名：规划编制处处长
考核信息	通过
任职原由	工作表现突出

6.3.3 实验任务

本章实验的主要任务包括：员工信息维护；合同管理；任职提名及审批；调入申请及审批；调出申请及审批；变动申请及审批；转任申请及审批；挂职申请及审批；回避申请及审批；离职申请及审批；辞退申请及审批；离休添加及审批；退休添加及审批；强制退休添加及审批。

6.3.4 实验步骤

完成任务四之后，系统自动弹出任务五的接受窗口，点击【接受】，开始人事管理实验，如图6-2所示。

第 6 章 人事管理

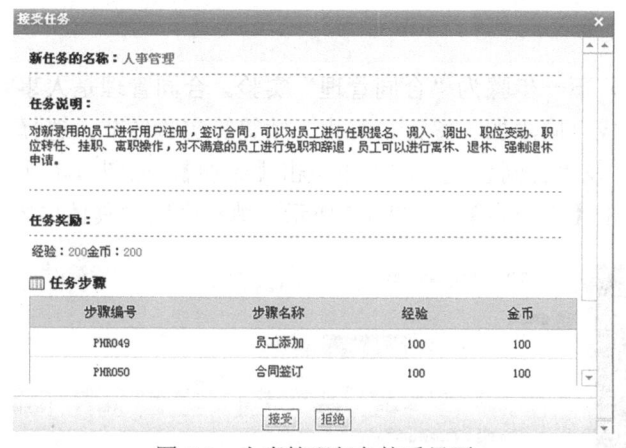

图 6-2 人事管理任务接受界面

1. 员工信息维护

根据系统提示，下一步骤为"员工信息维护"实验。进入人事科员李晓的账户，选择"人事管理"板块下的【员工信息】，可以查看现有员工列表，并进行编辑。点击列表最下方的【添加】，进行新员工的添加，填写新员工顾叶的基本信息以及岗位信息，点击【确定】，如图 6-3 所示。添加信息完成之后，按照第 2 章 2.2.4 节中【权限管理】实验操作给顾叶授权为普通科员。

（a）

（b）

图 6-3 员工信息添加界面

2. 合同管理

根据系统提示,下一步骤为"合同管理"实验。合同管理是人事管理的重要环节,在这个实验中要完成合同添加、签订、终止、续签等实验环节。选择"人事管理"板块下的【合同管理】,在"合同管理"状态下点击【添加】,如图6-4所示。选择员工、合同类型等信息,点击【下一步】,如图6-5所示。填写合同的具体内容,如图6-6所示。

图6-4 合同管理界面

图6-5 合同添加界面

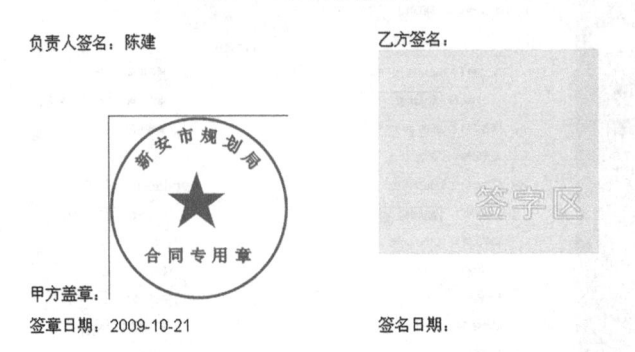

图6-6 合同具体内容填写界面

完成上述步骤后，切换用户，进入普通科员顾叶的账户。选择"人事管理"板块下的【合同管理】，能够查看到该合同状态为"未签订"，点击操作下方的【签订】，如图6-7所示；确认合同信息后，点击【签订】，如图6-8所示；在"乙方签名"处，签上自己的姓名，点击【确定】，则合同签订成功，如图6-9所示。

图 6-7　合同签订界面[①]

图 6-8　合同信息签订界面

图 6-9　合同签订成功界面

为演示"终止合同"实验，提前切换用户，进入人事科员李晓的账户，按照上述方式，添加"普通科员张玲"的合同信息，实验步骤如图6-4、图6-5、图6-6所示，值得注意的是，合同终止日期设置为当前日期一个月之内。在"快到期合同"状态下，选中需要终止的合同，点击列表下方的【终止】，如图6-10所示，该员工的合同终止。

---

① 根据新华字典第7版，合同签订应该为签订，此为软件截图，软件截图中为签定，后续同。

图 6-10　合同终止界面

3. 任职提名

根据系统提示，下一步骤为"任职提名"实验。在"人事管理"板块下选择【任职提名】，进行申请，填写申请表，点击【提交】，如图 6-11 所示。

图 6-11　任职提名界面

4. 任职提名审批

根据系统提示，下一步骤为"任职提名审批"实验。切换用户，依次进入处长王军、局长陈建、任免机关陈建的账户，对该申请进行审批[①]，如图 6-12 所示。

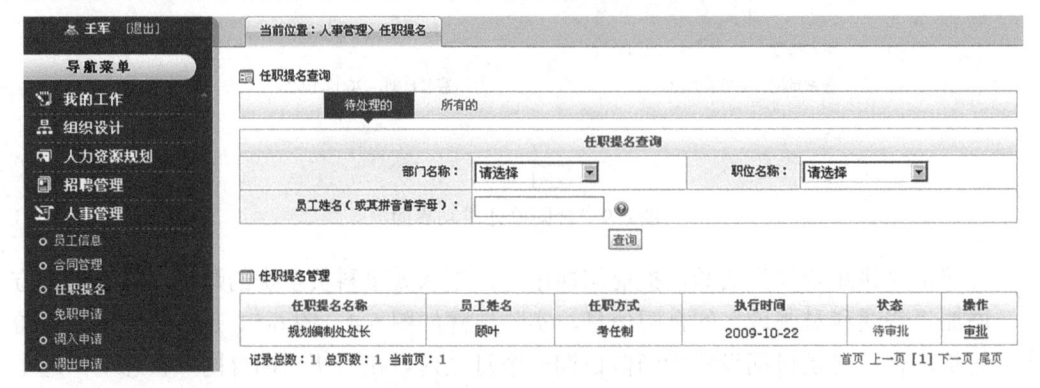

图 6-12　任职提名审批界面

---

① 局长和任免机关是同一人，因此不用切换用户，一人审批两次即可。

人事管理还包括调入申请及审批、调出申请及审批、变动申请及审批、转任申请及审批、挂职申请及审批、回避申请及审批、离职申请及审批、辞退申请及审批、离休添加及审批、退休添加及审批、强制退休添加及审批等环节，其操作方式均与第三步和第四步实验"任职提名、任职提名审批"操作方式相同，因此不再重复演示。

具体审批过程如下。

免职审批：处长王军—局长陈建—任免机关陈建。

调入审批：局长陈建—任免机关陈建。

调出审批：局长陈建—任免机关陈建。

变动审批：普通科长王海—人事科长李明—处长王军。

转任审批：人事科长李明—处长王军。

挂职审批：局长陈建。

回避审批：处长王军—局长陈建。

离职审批：普通科长王海—人事科长李明—财务科长吴兵—处长王军。

辞退审批：人事科长李明—财务科长吴兵—处长王军。

离休审批：局长陈建。

退休审批[①]：普通科长王海—处长王军—局长陈建。

强制退休管理：处长王军—局长陈建。

实验需要，进行人事调配后，出现相应的人事变动，所以人员的角色权限，需要重新设置，实验步骤为【权限管理】中的角色授权，具体操作步骤详见第2章2.2.4节的实验操作步骤和内容。

6.4 相 关 知 识

6.4.1 任职方式

1. 选任制

选任制是指由法定选举人投票，经多数通过，决定公务员职务的任免。它可分为直接选任和间接选任两种，任期有限。我国各级人民政府的组成人员就是通过各级人民代表大会及其常委会选举产生或决定任命的。一般说来，选任制能较好地反映人民群众的意愿，体现民主管理的原则，并且有利于克服官僚主义。但是，由于最能得到选民拥护的人不一定就是最优秀的公务员，因而实行选任制时，必须完善选举制度，加强选举工作的民主管理，培养人民群众的民主意识，使人民群众真正行使并善于行使自己的民主权利，严禁各种非组织活动和派别活动。

2. 委任制

委任制是指由有任免权的机关按照公务员管理权限直接委派其辅助人员或执行人员担任一定公务员职务的任免形式。我国公务员的委任制包括各级国家权力机关对领导职

---

① 退休必须要到退休年龄。

务序列公务员的提名、任命，也包括政府各部门领导机关对本单位各级行政负责人和普通公务员的委任。委任制的优点是权力集中、指挥统一、任用程序简单明了，有利于配备能够合作共事的工作人员，但有时也容易受个人主观片面性的影响，难以从法律上、制度上杜绝用人中的不正之风，容易出现压制民主、任人唯亲等现象。因此实行委任制，必须对行政主管领导委任权的使用条件、范围有一定的限制；对委任对象的资格条件、能力水平有一定的明确规定；同时，还要注意走群众路线，严格按照规定的程序办事，以防止各种不正之风及主观随意性的出现。

3. 考任制

考任制是指国家公务员管理机关根据统一标准，按照公开考试、择优录用的程序任用国家公务员的形式。它遵循公开、民主、平等、竞争、择优录用的原则，具有较高的科学性和实用性。它可以最广泛地选拔优秀人才，防止任用工作中的不正之风。它的缺点是统一考试的形式具有一定的局限性，很难全面充分地反映出应试者的实际工作能力。

4. 聘任制

聘任制是一种通过聘任和应聘双方签订聘约，聘请人员担任公务员职务的任免形式。合同期内，在法律的监督和保护下，双方履行各自的责任和义务；合同期满根据双方的协商情况，可继续聘任，也可解聘。它可分为公开招聘和限制范围聘任两种形式。

【本章小结】

人事管理是人力资源管理中重要的知识体系，人事管理模块是本书实验教学系统软件中不可或缺的组成部分，它的主要功能包括员工添加、合同签订、任职提名、免职申请、调入申请、调出申请、变动申请、转任申请、挂职申请、回避申请、离职申请、辞退申请、离休申请、退休申请以及强制退休管理等。

本章的学习和实验，可以使学生能够深入理解在人员管理过程中所涉及的各种申请和审批流程，能够了解员工在职业生涯不同阶段可能经历的职位变动和离职流程，帮助学生掌握必要的人事管理知识和技能，使他们能够认识到人事管理在人力部门运作中的重要性和复杂性，为未来的职业发展做好准备。

【思考题】

1. 在数字化时代，如何运用人工智能和大数据分析来创新人事管理，提高员工招聘、培训和绩效评估的效率和准确性？

2. 如何构建一个多元化和包容性的人事管理体系，以激发员工创新和团队创造力，从而推动组织的持续创新并增强竞争力？

【知识点链接】

猎头公司

猎头公司（headhunting company）是一种专门从事高级人才招聘和人才搜索的专业机构。猎头公司的主要任务是帮助企业寻找并招聘高级管理人员、专业人才和其他关键职位的候选人，也被称为"高级管理人员代理招募机构"。猎头公司通过外部招募渠道，为组织搜寻高层管理人才和关键技术岗位人才提供招聘服务。他们利用自己的专业知识和人脉资源，主动寻找和筛选合适的候选人，然后向组织提供候选人的详细信息和评估报告，协助组织进行招聘决策。

猎头公司需要提供人才评价、调查和协助沟通等顾问咨询服务，与职业介绍所相比，他们的服务更加专业和细致，而且收费较高。猎头公司主要是主动寻找人才，通过广泛的网络和独特的招聘渠道，如人脉关系、社交媒体、行业数据库等，来寻找潜在的候选人。

猎头公司通常具有丰富的行业知识和专业技能，能够为企业提供高质量的招聘服务。他们在人才市场上有广泛的影响力和人脉资源，能够帮助企业快速找到合适的人才，提高招聘效率和成功率。

第 6 章　相关图片

第 7 章 培 训 管 理

培训管理在组织中的作用主要包括提高员工的技能和知识水平、增强员工的绩效和效率、提升员工的职业发展和晋升机会、增加员工的工作满意度和忠诚度、促进组织的创新和发展、增强组织的形象和声誉。通过培训管理,组织能够有效提升员工的能力水平,提高其工作效率和绩效,促进组织的发展并增强竞争力,吸引优秀人才加入。

7.1 培训管理的概念、主要内容及作用

7.1.1 培训管理的概念

培训管理是一种管理方法,旨在组织和管理培训活动以提高员工的技能和知识水平。它涉及制订培训计划、组织培训课程、评估培训效果以及跟踪员工的培训进度和成果。培训管理的目标是确保员工具备所需的技能和知识,以提高他们在工作中的绩效和效率。通过培训管理,组织可以提升员工的能力水平,增加员工的满意度,促进组织的发展并增强竞争力。

7.1.2 培训管理的主要内容

培训管理的内容可以包括以下几个方面。

(1)培训需求分析:通过调查和评估员工的现有技能和知识水平,确定组织中存在的培训需求和问题。

(2)培训计划制订:根据培训需求分析的结果,制订具体的培训计划,确定培训的目标、内容、形式和时间安排。

(3)培训资源准备:准备培训所需的资源,包括培训材料、培训设备、培训师资等。

(4)培训课程组织:组织和安排培训课程的开展,包括确定培训地点、时间,邀请培训师资,组织参与培训的员工等。

(5)培训评估和反馈:对培训进行评估,了解培训效果,收集员工的反馈意见,以便对培训进行改进和调整。

(6)培训记录和跟踪:记录培训的相关信息,包括培训内容、参与人员、培训时间等,并跟踪员工的培训进度和成果。

(7)培训成本控制:对培训活动的费用进行控制和管理,确保培训活动的效益和经济性。

(8)培训效果评估:评估培训的效果和影响,确定培训对员工绩效和组织发展的贡献。

7.1.3 培训管理的作用

培训管理在组织中发挥着重要的作用，具体包括以下几个方面。

（1）提高员工的技能和知识水平：培训管理通过提供相关的培训课程和资源，帮助员工提升专业技能和知识水平，使其能够更好地完成工作任务。

（2）增强员工的绩效和效率：通过培训管理，员工能够掌握新的工作方法和技巧，提高工作效率，从而提高工作绩效。

（3）提升员工的职业发展和晋升机会：培训管理可以帮助员工提升职业技能和知识水平，增加他们在职场中的竞争力，为他们的职业发展和晋升创造更多的机会。

（4）增加员工的工作满意度和忠诚度：通过提供培训机会，能够表达组织对员工的关心和支持，提高员工的工作满意度和忠诚度，减少员工流失率。

（5）促进组织的创新和发展：培训管理可以帮助组织引入新的理念和方法，促进组织的创新和发展，提高组织的竞争力和适应能力。

（6）提升组织的形象和声誉：通过培训管理，能够展示组织对员工发展的关注和投资，提升组织的形象和声誉，吸引更多优秀的人才加入。

培训管理对于组织和员工都具有重要的作用，能够提高员工的能力水平，增加员工的满意度，促进组织的发展并增强竞争力。

7.2 系 统 综 述

7.2.1 系统简介

培训是提高人力资源质量的重要途径，也是人力资源管理的重要内容之一。它主要是指人力资源部门通过有计划的培训、教育和人员开发活动，提高员工的知识水平、技能和能力，改善员工的态度，以提高其工作效率，促进组织的发展和员工的成长。

培训管理的工作内容包括培训与管理两个方面，具体体现为对培训机构的选择、培训活动的策划、培训资源的使用、培训制度的制定等。培训是指对培训的过程管理，可以理解为对单次培训活动需求的调研、计划、实施、评估等环节；管理重点是指对内部讲师、培训费用、培训设施的管理，也就是对涉及培训的人、财、物的监管。培训管理侧重于过程控制。

人力资源管理教学系统软件中的培训管理系统包含培训战略目标的规划、在职员工培训需求分析、新员工培训需求分析、培训计划的制订、培训计划的实施、培训效果的评估等环节，功能齐全，结构清晰，旨在让学生了解培训管理对提高个人能力及部门整体水平具有重要的作用。

7.2.2 实验流程

本章的实验包括培训机构管理、培训制度管理、培训课程管理、添加培训需求、培训需求审批、培训计划制订及审批、培训日程管理、培训费用申请及审批、培训效果评估，具体流程如图 7-1 所示。

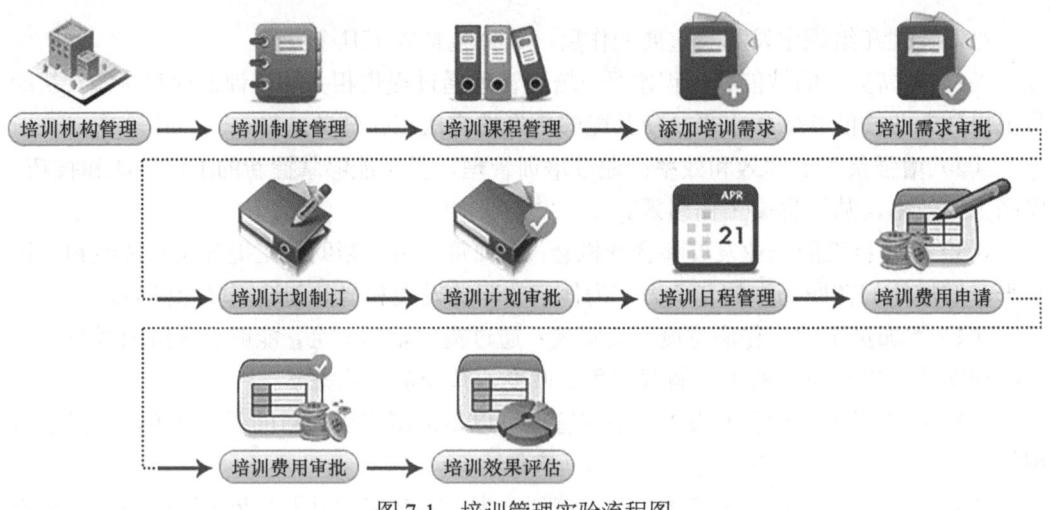

图 7-1　培训管理实验流程图

7.2.3　实验目的

（1）掌握培训管理理论和概念：深入理解培训管理的基本概念、原理和工作流程，学习培训需求分析、培训设计、培训实施和培训评估的主要职能和任务。

（2）提高培训需求分析能力：通过实验学会如何进行培训需求分析，确定组织和员工的培训需求，掌握不同培训需求分析方法的使用。

（3）提高项目管理与协调能力：强化对培训项目的整体管理能力，包括时间管理、资源规划和预算控制，掌握培训项目的协调与沟通能力，能够高效地组织和协调各方资源完成培训任务。

7.3　实 验 指 导

7.3.1　实验情景

新录用的人员需要进行职前培训，培训的内容包括政治理论培训、职业道德培训、政策法规培训、业务知识培训、文化素养培训以及技能训练的培训等。首先要对培训机构以及基础资料进行管理，其次要制定培训需求、培训计划，并安排好日程，当培训结束后，管理培训费用，对培训效果进行评估。

7.3.2　实验数据

本章实验需要的实验数据有培训机构（表 7-1）、培训课程（表 7-2）、培训需求（表 7-3）、培训计划（表 7-4）、培训日程（表 7-5）、培训费用（表 7-6）、培训效果评估（表 7-7 所示）等[①]。

[①] 表 7-1 至表 7-7 的内容可根据实际实验操作替换内容和时间，在此仅作参考。

表 7-1 培训机构

项目	基本信息
培训机构名称	新安市党校
机构性质	党校
机构定位	进行改革开放意识、中国特色社会主义信念、现代化建设知识和能力教育，以及开展国际培训交流合作的基地
办学目标	提高广大干部的政治思想素质
办学内容	党的优良传统、党性党风和国情教育
主干课程	政治理论培训、职业道德培训、政策法规培训、业务知识培训、文化素养培训以及技能训练的培训
教学形式	体验式、研讨式
班次特点	短期培训、专题研究
机构地址	新安市云南路1号
联系电话	025-83491111
联系人	赵鹏

表 7-2 培训课程

项目	基本信息
课程名称	政治理论培训
所属机构	新安市党校
课程简介	政治理论培训
课时	36小时
教师	赵鹏

表 7-3 培训需求

项目	基本信息
需求名称	党政培训
需求分析方法	绩效考核
需求内容	对部门新进人员进行政治理论培训、职业道德培训、政策法规培训、业务知识培训、文化素养培训以及技能训练的培训
期望培训时间	2009-10-22
期望培训人	李明

表 7-4 培训计划

项目	基本信息
培训计划名称	党政培训
培训单位	新安市党校
培训需求	党政培训
培训内容	对部门新进人员进行政治理论培训、职业道德培训、政策法规培训、业务知识培训、文化素养培训以及技能训练的培训
培训开始时间	2009-10-22
培训结束时间	2009-10-31

表 7-5 培训日程

项目	基本信息
日程内容	对部门新进人员进行政治理论培训、职业道德培训、政策法规培训、业务知识培训、文化素养培训以及技能训练的培训
计划开始时间	2009-10-22
计划结束时间	2009-10-31
实际开始时间	2009-10-22
实际结束时间	2009-10-31
应出席人数	10 人
实际出席人数	10 人
日程总结	完成

表 7-6 培训费用

项目	基本信息
费用名称	培训费用
培训计划名称	党政培训
费用类型	培训费用
费用金额	1000 元

表 7-7 培训效果评估

项目	基本信息
评估模型	柯氏评估模型
评估内容	反应层、学习层、行为层、效果层评估
评估实际	效果显著

7.3.3 实验任务

本章实验的主要任务包括：培训机构管理；培训制度管理；培训课程管理；添加培训需求；培训需求审批；培训计划制订；培训计划审批；培训日程管理；培训费用申请；培训费用审批；培训效果评估。

7.3.4 实验步骤

完成任务五之后，自动弹出任务六的接受窗口，点击【接受】，开始培训管理实验，如图 7-2 所示。

1. 培训机构管理

根据系统提示，下一步骤为"培训机构管理"实验。在人事科员李晓的账户中，选择"培训管理"板块下的【培训机构管理】，点击【添加】，如图 7-3 所示，并填写培训机构的相关信息，如图 7-4 所示。

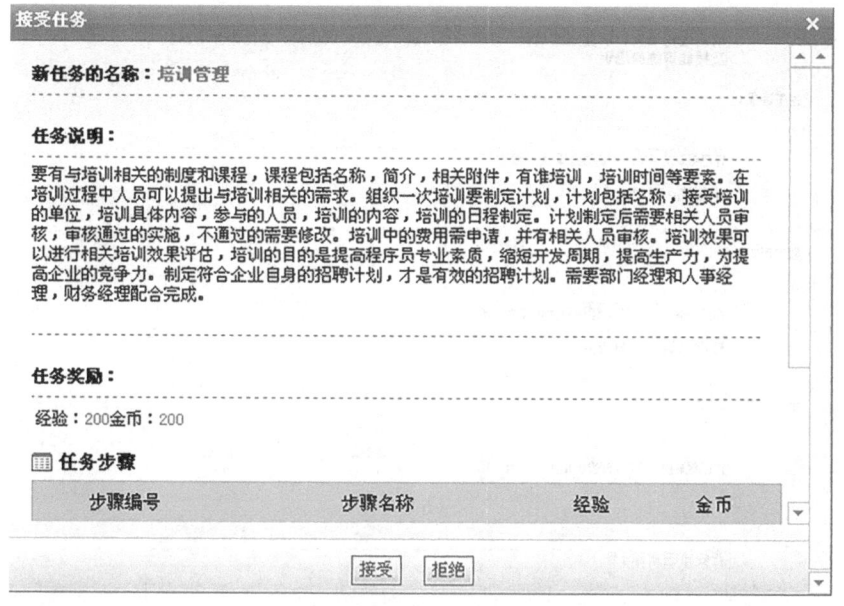

图 7-2　培训管理任务接受界面

图 7-3　培训机构管理界面

(a)

(b)

(c)

图 7-4　培训机构添加界面

2. 培训制度管理

根据系统提示,下一步骤为"培训制度管理"实验。选择"培训管理"板块下的【基础资料管理】。在"培训规章制度"状态下,点击【添加】,并填写规章制度的名称、所属机构、简介,并添加相关附件,如图 7-5 所示。

图 7-5　基础资料管理界面

3. 培训课程管理

根据系统提示,下一步骤为"培训课程管理"实验。在"培训课程"状态下,点击

【添加】，并填写培训课程的具体信息并添加附件，如图 7-6 所示。

图 7-6 培训课程添加界面

4. 添加培训需求

根据系统提示，下一步骤为"添加培训需求"实验。切换用户，进入处长王军的账户。在"培训管理"板块下选择【培训需求管理】，点击添加，如图 7-7 所示，并填写需求的相关信息，如图 7-8 所示。

图 7-7 培训需求管理界面

图 7-8 培训需求添加界面

5. 培训需求审批

根据系统提示，下一步骤为"培训需求审批"实验。在"所有的"状态下，选中该条培训需求，点击下方的【提交】，如图 7-9 所示。同时切换用户，进入局长陈建的账户，对该培训需求进行审批，如图 7-10 所示。

图 7-9　培训需求提交界面

图 7-10　培训需求审批界面

6. 培训计划制订

根据系统提示，下一步骤为"培训计划制订"实验。切换用户，进入人事科员李晓的账户。在"培训管理"板块下选择【培训计划管理】，点击【添加】，如图 7-11 所示，并填写培训计划的具体内容，如图 7-12 所示。

图 7-11　培训计划管理界面

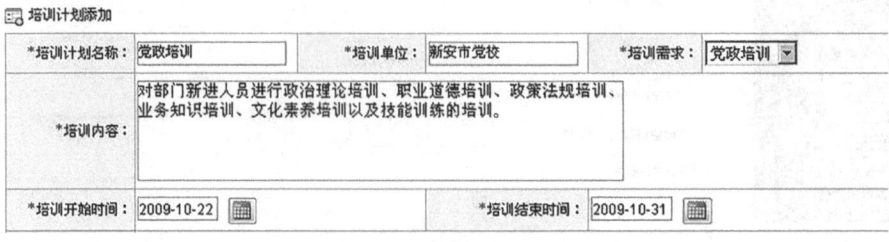

(a)

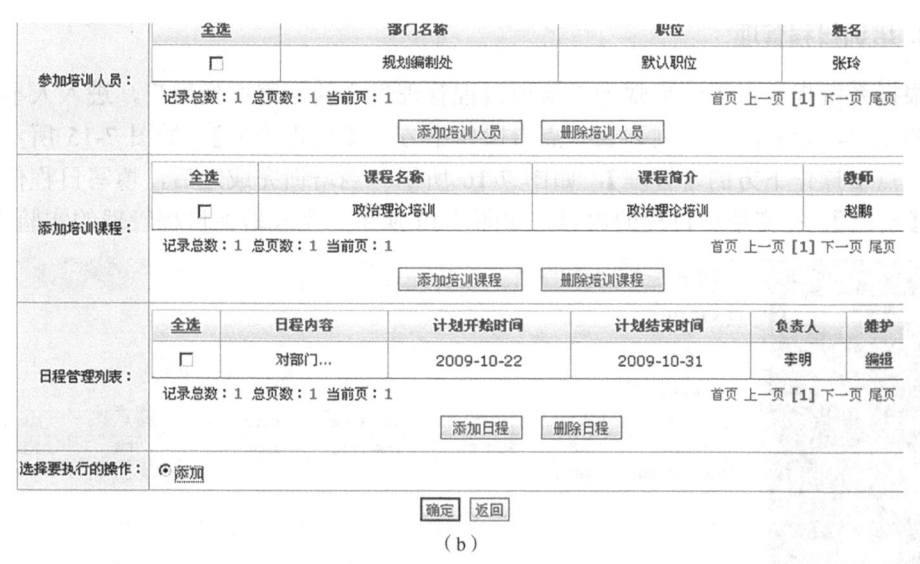

图 7-12 培训计划添加界面

7. 培训计划审批

根据系统提示，下一步骤为"培训计划审批"实验。在"所有的"状态下，可以查看培训计划列表。选中需要提交的培训计划，点击下方的【提交】，如图 7-13 所示。同时切换用户，进入人事科长李明的账户，对该培训需求进行审批，如图 7-14 所示，完成后切换用户，进入处长王军的账户，继续审批，审批程序如图 7-14 所示，处长审批结束后，培训计划的审批流程完成。

图 7-13 培训计划提交界面

图 7-14 培训计划审批界面

8. 培训日程管理

根据系统提示，下一步骤为"培训日程管理"实验。需切换用户，进入人事科员李晓的账户，查看培训计划列表，点击操作下方的【日程管理】，如图 7-15 所示，进入后，点击操作下方的【管理】，如图 7-16 所示。当培训完成之后，填写日程信息，点击【确定】，提交培训日程的内容，如图 7-17 所示，完成培训日程管理的实验操作。

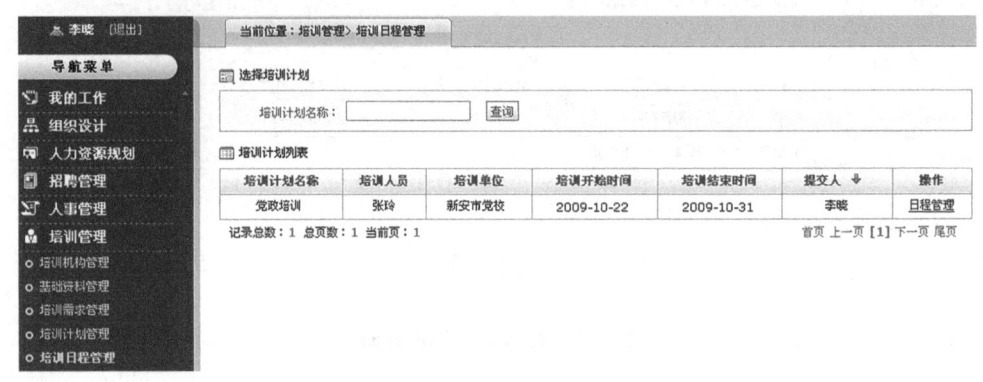

图 7-15 日程管理界面

图 7-16 日程内容管理界面

图 7-17 日程信息填写界面

9. 培训费用申请

根据系统提示，下一步骤为"培训费用申请"实验。选择"培训管理"板块下的【培训费用管理】，点击【申请】，如图 7-18 所示。填写培训费用申请表，点击【确定】，如

图 7-19 所示。选中该条申请，点击【提交】，完成培训费用添加实验，如图 7-20 所示。

图 7-18 培训费用管理界面

图 7-19 培训费用添加界面

图 7-20 培训费用提交界面

10. 培训费用审批

根据系统提示，下一步骤为"培训费用审批"实验。切换用户，进入人事科长李明的账户。在"待审批"状态下，对培训费用进行审批，如图 7-21 所示，完成后，需依次切换用户，由财务科员李晓、财务科长吴兵、处长王军进行审批，如此，培训费用的审批流程完成。

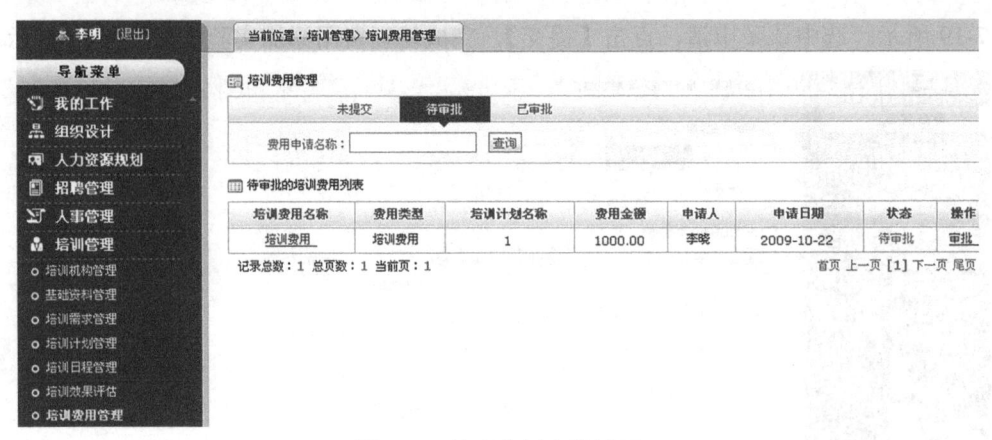

图 7-21 培训费用审批界面

11. 培训效果评估

根据系统提示，下一步骤为"培训效果评估"实验。在"培训管理"板块下选择【培训效果评估】。在培训计划列表后的操作下方点击【评估】，如图 7-22 所示。填写评估的内容后点击【确定】，如图 7-23 所示。

图 7-22 培训效果评估界面

图 7-23 培训效果评估填写界面

7.4 相关知识

7.4.1 培训需求的定义

简单地说,培训需求就是要了解人力部门为什么要培训与开发、谁需要培训与开发、培训与开发什么,以及培训与开发应该达到什么样的目标的过程。

7.4.2 培训需求的内容

培训需求的内容可以包括以下几个方面。

(1) 技能培训需求:根据员工的工作职责和岗位要求,进行相关技能的培训,包括专业技能、操作技能、沟通技巧等。

(2) 知识培训需求:提供员工所需的专业知识和行业知识,使其能够更好地理解和应用在工作中。

(3) 职业发展培训需求:根据员工的职业发展目标,提供相关的培训和发展机会,包括领导力培训、管理技能培训等。

(4) 团队合作培训需求:提供团队合作和协作的培训,帮助员工更好地与同事合作,提高团队的工作效率和质量。

(5) 变革管理培训需求:在组织发生变革时,提供变革管理的培训,帮助员工适应变化,提高变革的成功率。

(6) 沟通与人际关系培训需求:提供沟通技巧和人际关系管理的培训,帮助员工改善与同事、上级和客户的沟通和关系。

(7) 创新和问题解决培训需求:提供创新思维和问题解决的培训,培养员工的创新能力和解决问题的能力。

(8) 安全培训需求:根据工作环境和岗位要求,提供相关的安全培训,提高员工的安全意识和安全操作能力。

【本章小结】

培训在人力部门中扮演着提升人力资源质量的重要角色。通过有计划的培训、教育和人员开发活动,可以提升员工的知识水平、技能和能力,改善员工的态度,从而使其提高工作效率,促进组织的发展和员工的成长。培训管理系统是一个有益的工具,可以帮助人力部门进行培训战略规划、需求分析、培训计划制订和培训效果评估。培训在提高人力资源质量和推动组织发展方面具有不可忽视的重要性。

本章的学习和实验,可以使学生能够理解人力资源管理中培训的基本概念,掌握培训管理系统的运作,设计有效的培训计划,分析培训的效果,并将所学知识应用于实际工作环境中,促进学生全面理解并能够有效实施人力资源的培训和人力资源发展活动,为其未来职业生涯提供坚实的基础。

【思考题】

1. 虚拟现实和增强现实技术在培训领域的应用正变得越来越普遍。请思考如何利用这些技术创新培训方法。例如，创建虚拟实境的培训环境，让员工可以身临其境地进行实际操作和模拟情景，或者利用增强现实技术提供实时指导和反馈，以提高员工的学习效果和参与度。

2. 移动学习和社交学习是现代培训的重要趋势。请思考如何利用移动学习平台和应用，使员工可以随时随地进行学习，并通过社交学习与其他员工进行互动和知识共享。

【知识点链接】

人才测评

人才测评是一种通过评估个体的能力、技能、特质和潜力，以确定其在特定工作环境中的适应性和发展潜力的方法。它是组织在招聘、选拔、晋升和发展员工时使用的一种工具。人才测评可以帮助组织更好地了解员工的优势、弱点和发展需求，以便为他们提供适当的培训和发展机会。

人才测评通常包括以下几个方面的评估。

（1）能力测评：评估个体在特定领域内的技能和知识水平，以确定其是否具备完成相关工作任务的能力。

（2）人格测评：评估个体的个性特征、价值观和行为风格，以了解其与特定工作环境的匹配程度。

（3）兴趣测评：评估个体对不同职业领域和工作内容的兴趣和偏好，以确定其在特定职业或岗位中可能的适应性和满意度。

（4）潜力测评：评估个体的发展潜力和可塑性，以确定其在未来的职业发展中可能取得的成就和发展方向。

人才测评可以采用多种方法，包括问卷调查、心理测验、模拟练习和面试等。根据具体的目的和需求，组织可以选择合适的测评工具和方法来评估员工的能力和潜力，以便做出更准确的人才决策和发展计划。

第 7 章　相关图片

第8章 考勤管理

8.1 考勤管理的概念、主要内容及作用

8.1.1 考勤管理的概念

考勤管理是指组织或企业对员工的出勤情况进行记录、监控和管理的过程。它旨在确保员工按照规定的工作时间和出勤要求履行工作职责，并提供准确的工时数据用于薪酬计算和绩效评估。

8.1.2 考勤管理的主要内容

考勤管理的内容包括以下几个方面。

（1）考勤记录：记录员工的上班时间、下班时间、迟到、早退等考勤情况。可以通过手动填写考勤表格、打卡机、刷卡系统、指纹识别等方式进行记录。

（2）考勤统计：根据考勤记录，计算员工的工作时长、迟到次数、早退次数、加班时长等数据，用于薪酬计算和绩效评估。

（3）考勤规则和政策：制定和执行与考勤相关的规则和政策，包括工作时间安排、迟到和早退的处罚措施、加班的补偿方式等。

（4）考勤异常处理：处理员工的迟到、早退、缺勤等异常情况，包括记录和通知员工、与员工沟通原因、采取相应的纠正措施等。

（5）考勤报表的生成和分析：考勤报表的生成，包含员工的出勤情况、迟到早退次数、加班时长等数据，用于管理层的分析和决策。

（6）考勤管理系统：使用计算机软件或云平台等技术工具，对考勤数据进行自动化管理和处理，提高考勤管理的效率和准确性。

8.1.3 考勤管理的作用

考勤管理在组织和企业中起着重要的作用，具体包括以下几个方面。

（1）出勤管理：通过考勤管理，可以及时记录和跟踪员工的出勤情况，确保员工按时上下班，提高工作效率和生产力。

（2）绩效评估：考勤管理的数据包括出勤率、迟到次数、早退次数、加班时长等，可以用于评估员工的绩效，帮助管理层了解员工的工作表现，并做出相应的奖惩措施。

（3）薪酬计算：考勤管理的数据包括基本工资、加班工资、迟到和早退扣款等，可以用于计算员工的工资和薪酬，确保薪酬的准确性和公平性。

（4）异常处理：考勤管理可以及时发现和处理员工的迟到、早退、缺勤等异常情况，采取相应的纠正措施，确保员工按照规定的出勤要求工作。

（5）数据分析和决策支持：通过对考勤数据的分析，可以了解员工的出勤情况、工作时长等，帮助管理层做出决策，如调整工作时间安排、优化人力资源配置等。

（6）法律合规：考勤管理可以确保组织和企业遵守相关的劳动法规和劳动合同，保护员工的合法权益，避免劳动纠纷和法律风险。

8.2 系统综述

8.2.1 系统简介

考勤管理是为了让职工明确工作和休息时间，熟知考勤部门的工作范围和职责，保障工作效率，同时考勤管理是计发职工工资，进行绩效考核的重要依据。

人力资源管理教学系统中的考勤管理包含考勤类型维护、排班管理、员工班次管理、加班和请假的申请及审批、考勤数据的添加和考勤数据汇总等环节，能够让学生了解人力部门的考勤过程。

8.2.2 实验流程

本章的实验主要呈现考勤管理的全过程，从考勤类型维护开始，依次添加的实验为排班管理、员工班次管理、加班申请、加班审批、请假申请、请假审批、考勤数据录入、考勤数据添加、考勤汇总等环节，如图 8-1 所示。

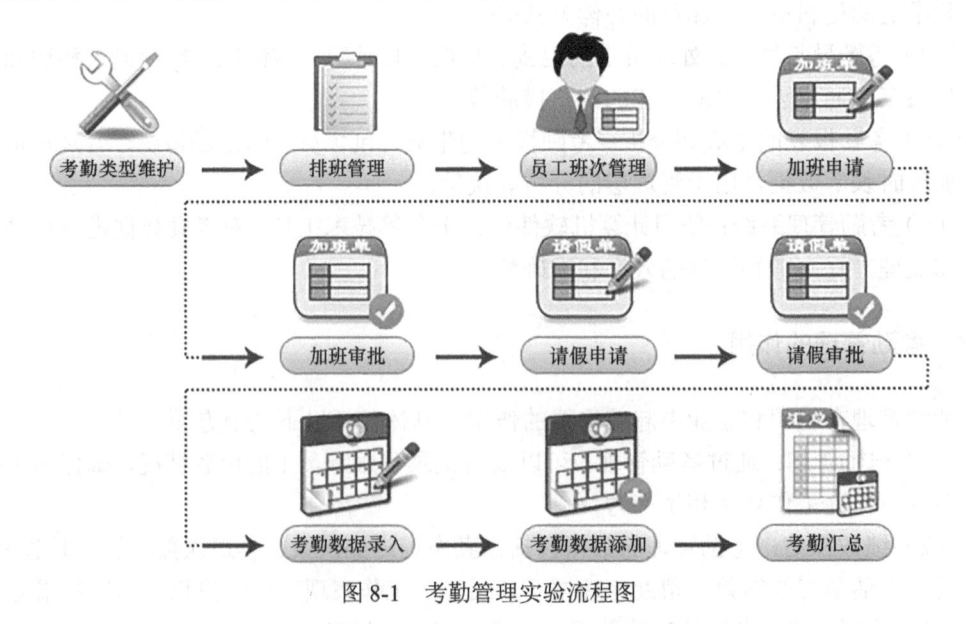

图 8-1 考勤管理实验流程图

8.2.3 实验目的

（1）理解考勤管理系统的基本原理：使学生能够理解考勤系统的工作原理，包括时间记录、数据处理和报告生成等关键功能。

（2）掌握考勤系统的操作和管理：教授学生如何操作考勤管理系统，包括考勤类型、员工加班、请假管理和考勤数据添加、汇总等日常管理任务。

（3）学习考勤数据的分析和应用：培养学生利用考勤数据进行分析的能力，如计算工作时长、考勤异常分析等，以支持人力资源决策。

（4）提高技术实施和问题解决能力：通过实际操作和案例分析，提升学生在技术实施和遇到系统问题时的分析与解决能力。

8.3 实验指导

8.3.1 实验情景

为促进机关部门的作风改善以及工作效率的提高，人事部门加强对考勤制度的执行力度，对考勤类型进行维护，严谨对待排班管理、加班管理以及请假管理，及时添加考勤数据并汇总。

8.3.2 实验数据

根据实验设置，表 8-1 至表 8-4 依次呈现了本章实验需要添加的班次、加班申请、请假申请、考勤类型等数据。

表 8-1 班次

项目	基本信息
班次名称	秋冬工作时间
时段一	8:30—12:00
时段二	13:30—17:00
时段三	
每天工作时间	7 小时

表 8-2 加班申请

项目	基本信息
加班申请名称	张玲 10.22
加班人员	张玲
申请人	李晓
计划开始时间	2009-10-22
计划结束时间	2009-10-22
计划时数	2 小时
申请日期	2009-10-22
事由	项目紧急
加班内容	完成项目相关

表 8-3 请假申请

项目	基本信息
请假申请名称	吴兵病假
请假人员	吴兵
申请人	李晓
计划开始时间	2009-10-22
计划结束时间	2009-10-22
计划时数	4 小时
申请日期	2009-10-22
请假类型	病假
事由	病假

表 8-4 考勤类型

项目	基本信息
助记符	JBBX
考勤类型名称	加班补休
考勤符号类型	用户自定义
符号	（自选）
说明	加班补休

8.3.3 实验任务

本章实验的主要任务包括：考勤类型维护；排班管理；员工班次管理；加班申请及审批；请假申请及审批；考勤数据录入；考勤数据添加；考勤汇总。

8.3.4 实验步骤

完成任务六之后，系统自动弹出任务七的接受窗口，点击【接受】，开始考勤管理实验，如图 8-2 所示。

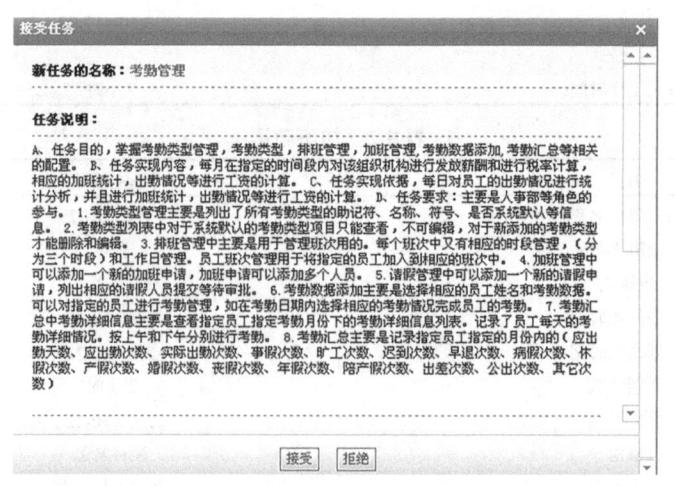

图 8-2 考勤管理任务接受界面

1. 考勤类型维护

根据系统提示，下一步骤为"考勤类型维护"实验。选择"考勤管理"板块下的【考勤类型维护】，点击【添加】，添加考勤类型，如图 8-3 所示，并填写考勤类型的信息，点击【确定】完成，如图 8-4 所示。

图 8-3 考勤类型维护界面

图 8-4 考勤类型添加界面

2. 排班管理

根据系统提示，下一步骤为"排班管理"实验。进入人事科员李晓的账户，选择"考勤管理"板块下的【排班管理】，点击【添加班次】，如图 8-5 所示。设置排班时间并点击【确定】，完成排班安排，如图 8-6 所示。

图 8-5 排班管理界面

图 8-6　班次添加界面

3. 员工班次管理

根据系统提示，下一步骤为"员工班次管理"实验。在"员工班次管理"状态下，可以选择员工，设置员工的工作班次，如图8-7所示。

图 8-7　员工班次管理界面

4. 加班申请及审批

根据系统提示，下一步骤为"加班申请及审批"实验。选择"考勤管理"板块下的【加班管理】，点击【添加加班申请】，如图8-8所示，并填写加班申请表，选择"提交"，点击【确定】，如图8-9所示，完成加班申请。加班申请需进行审批，切换普通科长王海的账户，对加班申请进行审批，如图8-10所示。完成加班后，需要依次进入申请人和审批人的账号对加班信息进行处理。至此，加班的实验流程完成。

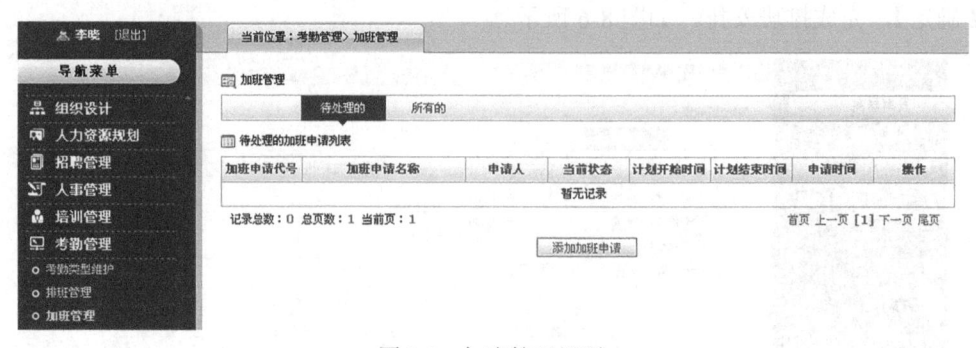

图 8-8　加班管理界面

图 8-9　加班申请界面

图 8-10　加班审批界面

5. 请假申请及审批

根据系统提示，下一步骤为"请假申请及审批"实验。选择"考勤管理"板块下的【请假管理】，点击【添加请假申请】，如图 8-11 所示，并填写请假申请表，点击【确定】，如图 8-12 所示。请假管理需进行审批，进入普通科长王海的账户，对该请假进行审批，如图 8-13 所示。请假结束后，需要对该请假信息进行处理。依次进入申请人、审批人的账号完成请假信息处理。至此，请假实验流程完成。

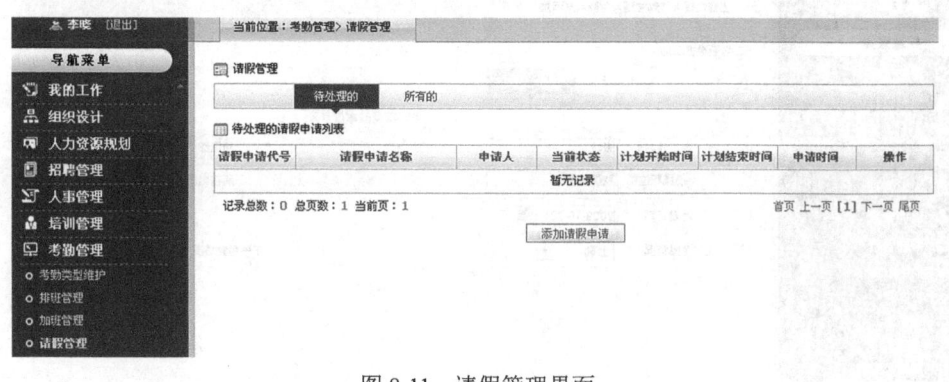

图 8-11　请假管理界面

图 8-12 请假申请界面

图 8-13 请假审批界面

6. 考勤数据录入

根据系统提示,下一步骤为"考勤数据录入"实验。选择"考勤管理"板块下的【考勤数据添加】。在"考勤数据添加"状态下,添加考勤数据,如图 8-14 所示。

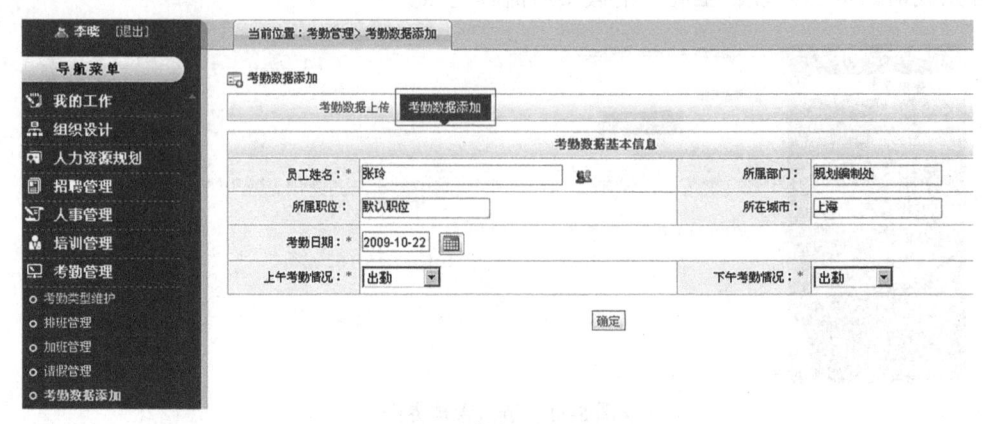

图 8-14 考勤数据添加界面

7. 考勤数据添加

根据系统提示，下一步骤为"考勤数据添加"实验。在"考勤数据上传"状态下，首先输入员工姓名，接着点击【获取当月考勤数据】，保存 Excel 文件。在"考勤数据"栏，将该文件导入，最后点击【上传】，如图 8-15 所示。

图 8-15 考勤数据上传界面

8. 考勤汇总

根据系统提示，下一步骤为"考勤汇总"实验。选择"考勤管理"板块下的【考勤汇总】，可以查看已添加的考勤信息列表，如图 8-16 所示。也可查看本月考勤情况如图 8-17 所示。

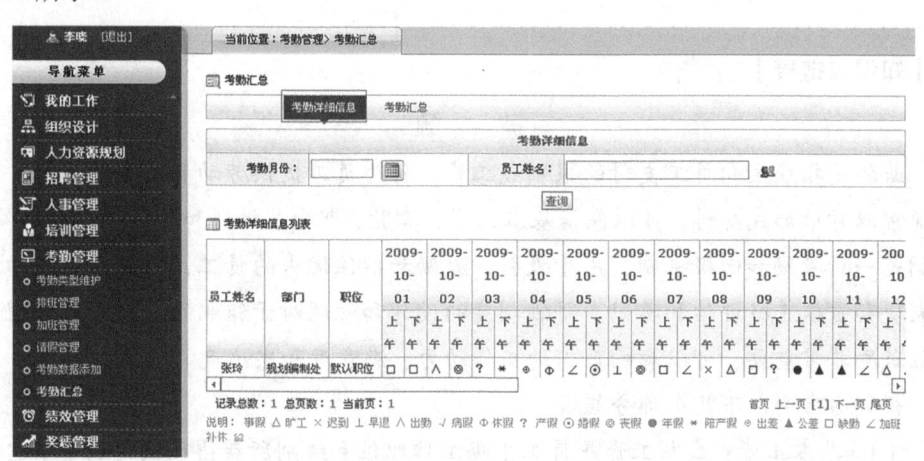

图 8-16 考勤详细信息列表显示界面

图 8-17 考勤汇总界面

【本章小结】

考勤管理在人力资源管理中起着关键作用，其主要目的是确保职工的工作和休息时间得到明确记录，从而提高职工工作效率并为职工工资计算及绩效考核提供依据。在人力资源管理教学系统中，考勤管理涵盖了考勤类型维护、排班管理、员工班次管理、加班和请假的申请与审批，以及考勤数据录入、添加和考勤汇总等环节。

本章的学习和实验，可以使学生能够有效地理解和操作考勤管理系统，能够准确记录和分析员工的工作时间和休息时间，从而为准确的工资计算及绩效评估提供基础数据，能够帮助学生在实际工作环境中更好地应用人力资源管理知识和工具。

【思考题】

1. 随着远程办公和弹性工作制的普及，如何利用现代科技手段来实现灵活的考勤管理？请提出至少两个创新的考勤管理方法，并解释其优势。

2. 在数字化时代，数据安全和隐私保护成为重要的考勤管理问题。请探讨如何在考勤管理过程中确保员工数据的安全性和隐私保护，提出至少两个有效的措施，并解释其实施的可行性。

【知识点链接】

薪　酬

薪酬是指雇主向员工支付的报酬或工资，作为员工提供劳动和服务的回报。薪酬通常以货币形式支付，可以包括基本工资、津贴、奖金、福利和其他额外的补偿。薪酬是一种激励和回报机制，用于吸引、激励和留住优秀的员工，以及对员工的工作表现和贡献进行评估和奖励。薪酬制度的设计和管理对于组织的人力资源管理和绩效激励非常重要，可以影响员工的工作动力、满意度和忠诚度。

薪酬通常由以下几个部分组成。

（1）基本工资：基本工资是员工根据工作职位和级别所获得的固定薪资。它通常是根据员工的工作经验、技能水平和市场行情来确定的。

（2）津贴和补贴：津贴和补贴是额外的薪酬组成部分，用于补偿员工在工作中的特殊工作或额外的责任。例如，住房津贴、交通津贴、餐补等。

（3）奖金：奖金是根据员工的绩效、目标达成情况或公司业绩来奖励员工的一种形式。奖金可以是个人奖金、团队奖金，也可以是公司级别的奖金。

（4）福利：福利是指公司为员工提供的额外福利和福利计划，如医疗保险、养老保险、带薪休假、员工福利活动等。这些福利可以提高员工的生活质量和工作满意度。

（5）股权和股票期权：一些公司会向员工提供股权或股票期权作为一种长期激励和回报机制。员工可以通过购买公司股票或获得股票期权来分享公司的利润。

（6）其他补偿：除了上述提到的部分，薪酬还可以包括其他形式的补偿，如特殊项目的奖励、临时性的奖励、员工培训和发展机会等。

这些薪酬组成部分的具体构成和比例可能因组织、行业和地区而有所差异，会根据公司的策略和员工的需求进行灵活调整。

第 8 章 相关图片

第9章 绩效考核

9.1 绩效考核的概念、主要内容及作用

9.1.1 绩效考核的概念

绩效考核是指企业或部门在既定的战略目标下,运用特定的标准和指标,对员工的工作行为及取得的工作业绩进行评估的过程。它旨在提供有关员工工作效果和贡献的定量和定性信息,以便为员工提供反馈和指导,并为薪酬、晋升和奖励决策提供依据。

9.1.2 绩效考核的主要内容

绩效考核的内容通常根据组织的需求和目标而有所不同,以下是一些常见的绩效考核内容。

(1)工作目标和结果:绩效考核通常会评估员工在一定时间内是否达到了设定的工作目标和结果。这些目标可以是具体的任务、项目完成情况、销售额、产量等。该内容用于评估员工是否能够按时、按质完成工作任务。

(2)工作质量:绩效考核还会评估员工的工作质量。这包括工作的准确性、效率、创新性、客户满意度等方面。该内容用于评估员工是否能够提供高质量的工作成果。

(3)专业知识和技能:绩效考核会评估员工在所属领域的专业知识和技能水平。这包括员工的专业技能、行业知识、解决问题的能力等。该内容用于评估员工是否具备所需的专业知识和技能。

(4)团队合作:绩效考核还会评估员工在团队合作中的表现。这包括员工与同事之间的合作、沟通和协作能力,以及对团队目标的贡献。该内容用于评估员工是否能够有效地与他人合作和协调。

(5)领导能力:对于担任领导职务的员工,绩效考核还会评估其领导能力和管理技能。这包括员工的决策能力、团队管理能力、目标设定和执行能力等。该内容用于评估员工是否能够有效地领导和管理团队。

(6)自我发展:绩效考核还会评估员工的自我发展和学习能力。这包括员工的主动学习、参加培训和发展计划、持续改进自己的能力等。该内容用于评估员工是否能够不断学习和提升自己。

(7)行为和价值观:绩效考核还会评估员工的行为和价值观。这包括员工的职业道德、工作纪律、团队精神等方面。该内容用于评估员工是否能够展现出符合组织价值观的行为。

以上是绩效考核的一些常见内容,具体的内容和权重可能因组织和岗位不同而有所

不同。绩效考核的目的是评估员工的工作表现和业绩,为其提供反馈和指导,并为薪酬、晋升和奖励决策提供依据。

9.1.3 绩效考核的作用

(1)评估员工表现:绩效考核通过评估员工的工作表现和业绩,帮助组织了解员工在工作中的表现。这有助于识别高绩效员工和低绩效员工,以及他们的优势和改进的领域。

(2)提供反馈和指导:绩效考核为员工提供了一个机会,可以得到针对自己工作表现的反馈和指导。这有助于员工了解自己的优势和改进的领域,并为其个人发展制定目标和计划提供依据。

(3)促进员工发展:通过绩效考核,组织可以识别员工的发展需求,并提供相应的培训和发展机会。这有助于提升员工的专业知识和技能水平,增强其在工作中的竞争力和成长潜力。

(4)激励和奖励员工:绩效考核结果可以作为奖励和激励员工的依据。高绩效员工可以获得加薪机会、晋升机会、奖金或其他形式的认可和激励,以鼓励他们继续保持优秀的工作表现。

(5)识别问题和改进机会:绩效考核可以帮助组织识别低绩效员工及其存在的问题,以及导致低绩效的原因。这有助于组织采取相应的措施,解决问题并提升整体绩效。

(6)支持决策和规划:绩效考核结果可以为薪酬、晋升和奖励决策提供依据。同时,绩效考核也可以为组织的人力资源规划和绩效管理的制定提供数据和信息支持。

绩效考核在组织中具有评估员工表现、提供反馈和指导、促进员工发展、激励和奖励员工、识别问题和改进机会、支持决策和规划等作用。通过绩效考核,组织可以有效地管理和发展员工,提升整体绩效和竞争力。

9.2 系统综述

9.2.1 系统简介

绩效管理是组织人力资源管理系统的核心。对人员的绩效评估,不仅能为个人提供其工作情况的反馈,还可以对员工的努力和能力产生有效的引导,有助于形成组织和员工之间良好的互动关系,形成一种组织与员工共同发展的机制。

人力资源管理教学系统中的绩效管理包含考核方法管理、职位考核模板、员工考核模板、考核执行、考核表管理和分析统计等环节,能够让学生认识到通过绩效管理可以充分发挥职工的潜能和积极性,更好地实现组织的各项目标。

9.2.2 实验流程

本章实验主要针对人力资源管理的绩效管理,实验流程为考核方法管理、职位考核模板、员工考核模板、考核执行、考核表管理、分析统计,如图9-1所示。

图 9-1　绩效考核实验流程图

9.2.3　实验目的

（1）理解绩效管理的基本概念和重要性：通过实验教学，使学生掌握绩效管理的基本概念、目的和重要性，了解绩效管理在组织中的作用。

（2）掌握绩效评估方法和技术：通过实际操作和案例分析，学生将学习和掌握多种绩效评估的方法和技术，如360度考核法、KPI、平衡计分卡等。

（3）提升绩效反馈与沟通能力：通过模拟绩效反馈会谈和角色扮演，学生将学会如何有效地进行绩效反馈，提升沟通技巧，处理员工的不同反应和情绪。

（4）设计和实施绩效改进计划：学生将学习如何根据绩效评估结果，设计和实施有效的绩效改进计划，帮助员工提升工作表现。

9.3　实验指导

9.3.1　实验情景

人事部门欲建立起科学、全面、合理的评估体系，采用包括交替排序法、简单排序法、KPI考核、BSC考核法、强制正态分布法、指标考核法以及360度考核法[①]在内的多种考核方法，并自定义制定员工考核模板和职位考核模板。

9.3.2　实验数据

在本系统中已经预置了七种考核方法，为更好地演示考核管理的全过程，本章实验将添加新的考核方法即"360考核法"进行演示，表9-1对360考核法进行了介绍。

表9-1　考核方法

项目	基本信息
考核方法名称	360考核法
考核方法简介	360考核法，又称全方位考核法或多源考核法，是一种综合性的绩效考核方法，它通过收集与被考核者发生工作关系的多方主体（包括上级、同事、下属、客户以及被考核者本人）的反馈信息，对被考核者进行全方位、多维度的绩效评估，旨在提高考核的准确性和公正性，从而促进员工和组织的共同发展。此方法适用于企业中层以上的人员，以及需要多维度评价的岗位。然而，实施360考核法也需要考虑到可能存在的问题，如考核成本高、培训工作难度大等，因此在实施前需要进行充分的准备和规划。

---

① 实验系统中均写作"360考核法"。

9.3.3 实验任务

本章实验的主要任务包括：考核方法管理；职位考核模板；员工考核模板；考核执行；考核表管理；分析统计。

9.3.4 实验步骤

完成任务七之后，自动弹出任务八的接受窗口，点击【接受】，开始考核管理的实验，如图 9-2 所示。

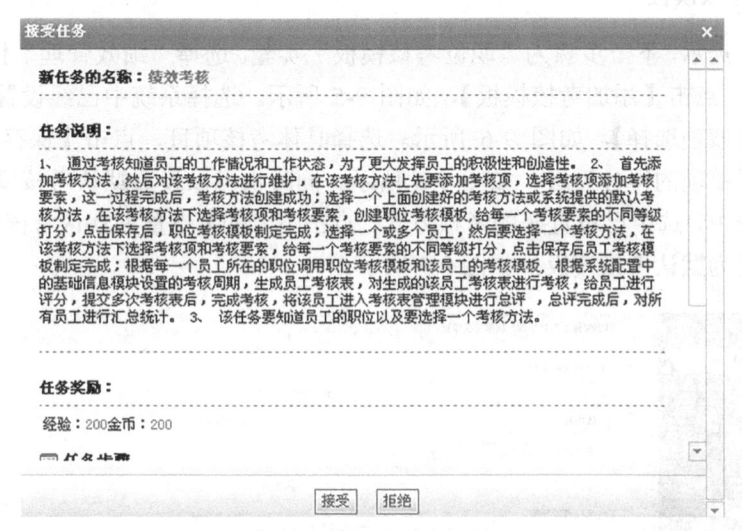

图 9-2 绩效考核任务接受界面

1．考核方法管理

根据系统提示，下一步骤为"考核方法管理"实验。在"绩效管理"板块下选择【考核方法管理】，可以查看考核方法列表，点击列表下方的【添加考核法】，如图 9-3 所示，并填写本次实验要选用的考核方法的名称以及简介，点击【确定】完成考核方法的添加，如图 9-4 所示。

图 9-3 考核方法管理界面

图 9-4　考核方法添加界面

2. 职位考核模板

根据系统提示，下一步骤为"职位考核模板"实验。选择"绩效管理"板块下的【职位考核模板】，点击【添加考核模板】，如图 9-5 所示。选择系统中已经设置好的考核模板，点击【考核项选择】，如图 9-6 所示。选择具体考核项目，点击【保存】，如图 9-7 所示。设置考核项的得分等级，如图 9-8 所示。同时也可以设置默认考核模板，在职位考核模板列表中，选中已设置好的考核方式，点击下方的【设置为默认考核模板】，将该考核方式设置为默认考核模板，如图 9-9 所示。

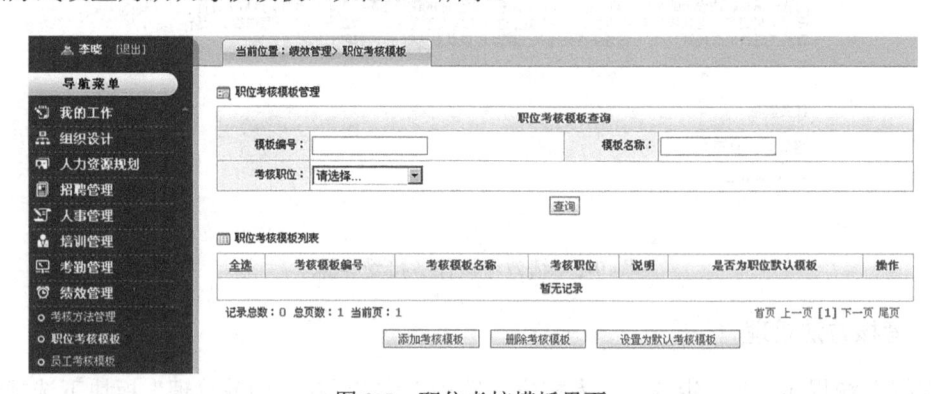

图 9-5　职位考核模板界面

图 9-6　职位考核模板添加界面

第 9 章 绩 效 考 核

图 9-7 职位考核项添加界面

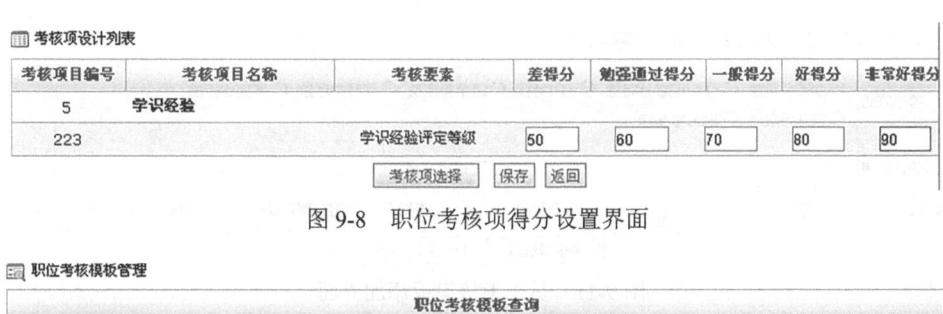

图 9-8 职位考核项得分设置界面

图 9-9 设置默认考核模板界面

3. 员工考核模板

根据系统提示,下一步骤为"员工考核模板"实验。选择"绩效管理"板块下的【员工考核模板】,点击【添加员工考核模板】,如图 9-10 所示。添加要考核的员工信息,选择默认考核模板,点击【考核项选择】,如图 9-11 所示。选择具体考核项目,点击【保存】,如图 9-12 所示。设置考核项得分等级,如图 9-13 所示,完成员工考核模板设置。

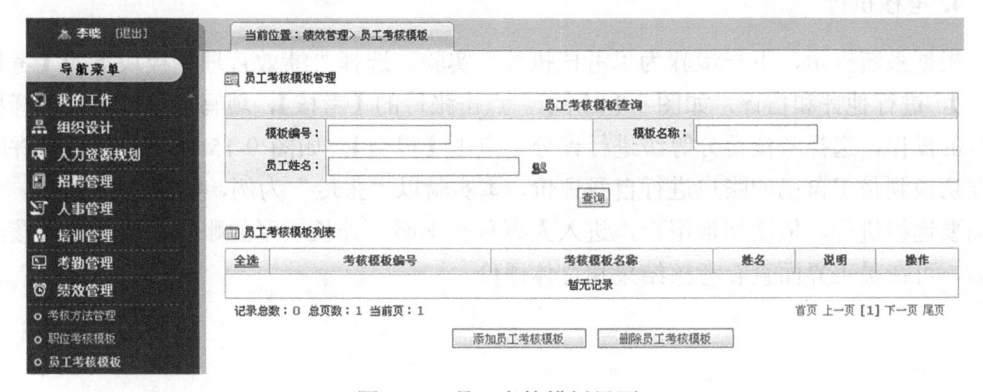

图 9-10 员工考核模板界面

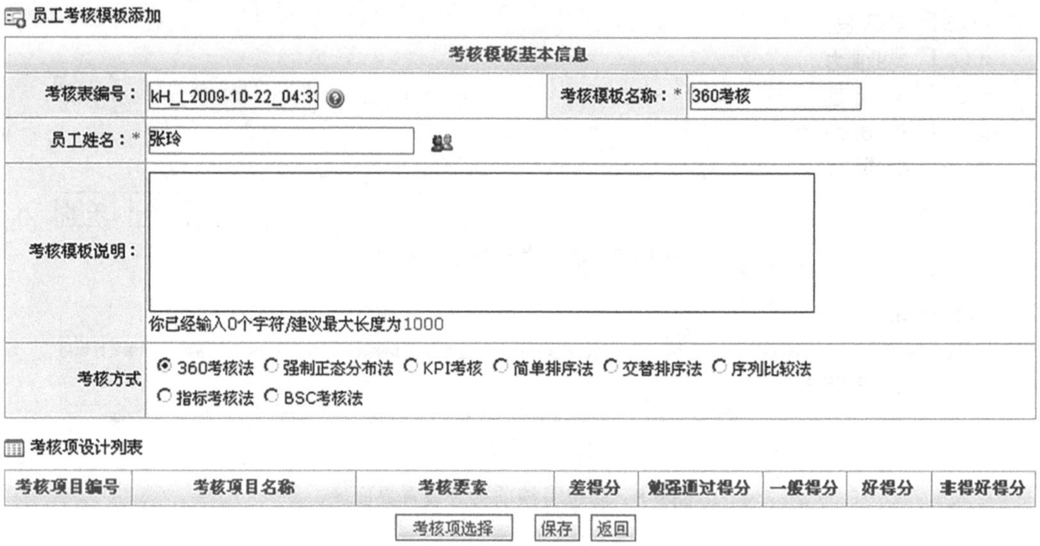

图 9-11　员工考核模板添加界面

图 9-12　员工考核项添加界面

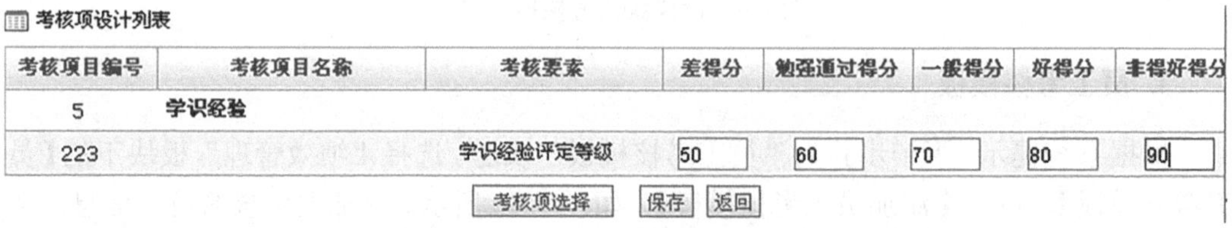

图 9-13　员工考核项得分设置界面

4. 考核执行

根据系统提示，下一步骤为"考核执行"实验。选择"绩效管理"板块下的【考核执行】，进行他评和自评，如图 9-14 所示。点击张玲的【考核】，填写考核评语，选择要执行的操作，选择考核得分等级进行评分，点击【提交】，如图 9-15 所示。进行自评时需要切换到员工自己的账户进行自我评价，本实验以"张玲"为例，如图 9-16 所示。考核需要逐级进行，依次切换用户，进入人事科长李明、处长王军的账户，待员工考核结束后，可在员工界面查看考核结果和总体评价。

图 9-14　考核执行界面

图 9-15　员工考核界面

图 9-16　自我考核界面

5. 考核表管理

根据系统提示，下一步骤为"考核表管理"实验。切换用户，进入人事科员李晓的账户。在"绩效管理"板块下选择【考核表管理】，可查看所有员工的考核执行情况，如图 9-17 所示。可以选中具体员工，设置其考核是否与薪酬挂钩，然后点击【保存设置】，如图 9-18 所示。

图 9-17 考核表管理界面

图 9-18 设置考核与薪酬挂钩界面

6. 分析统计

根据系统提示，下一步骤为"分析统计"实验。选择"绩效管理"板块下的【分析统计】，可以查看考核结果分析，如图 9-19 所示。

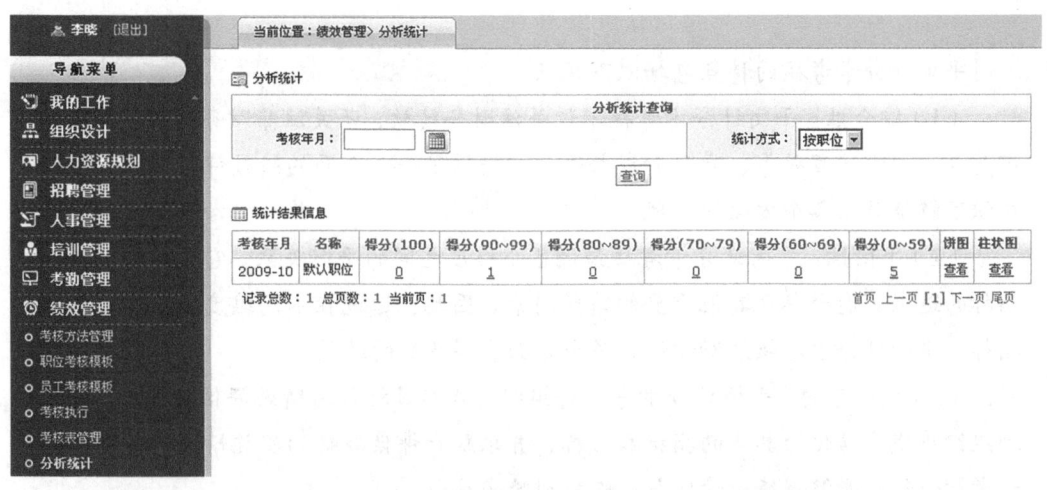

图 9-19　分析统计界面

【本章小结】

绩效管理是人力资源管理系统的核心。通过绩效评估，可以为员工提供工作情况的反馈，引导员工正视自身的不足，促进其提升自身能力，推动组织和员工之间形成良好的互动关系，形成共同发展的机制。绩效管理包括考核方法管理、职位考核模板、员工考核模板、考核执行、考核表管理和分析统计等环节。通过这些环节，学生可以了解到通过绩效管理可以充分发挥职工的潜能和积极性，更好地实现各项目标。

绩效管理对于部门的发展至关重要，它能够激发员工的积极性和创造力，提高组织的绩效和效率。通过本章的学习和实验，学生将能够掌握绩效管理的基本原理和操作方法，为将来在部门的工作中做好绩效管理提供有力支持。

【思考题】

1. 在当今快速变化和动态的工作环境中，传统的绩效评估方法可能无法有效地发掘员工的真正潜力和能力。基于此，组织应如何采用创新的方法来进行绩效评估，以适应现代员工不断变化的需求？

2. 随着远程工作和灵活工作的兴起，组织如何确保对于在不同地点工作且担任不同职责的员工进行公正准确的绩效评估？有哪些创新的策略或工具可以在虚拟工作环境中克服绩效评估的挑战？

【知识点链接】

平衡计分卡考核

平衡计分卡考核是一种综合性的绩效管理工具，旨在帮助组织在多个维度上评估和衡量绩效，以实现战略目标。它通过将组织的战略目标分解为不同的维度，并为每个维度设定指标和目标，从而提供了一个综合的、平衡的绩效评估框架。

平衡计分卡考核的特点包括以下几点。

（1）综合性：平衡计分卡考核不仅关注财务绩效，还关注非财务绩效，如客户满意度、内部流程效率、学习和成长等。它提供了一个全面的绩效评估视角，帮助组织了解绩效在各个方面的表现。

（2）平衡性：平衡计分卡考核强调各个维度之间的平衡关系。它认识到对单一指标的追求可能会忽视其他重要的绩效因素。因此，通过在不同维度上设定目标和指标，平衡计分卡考核鼓励组织在多个方面取得良好的绩效。

（3）战略导向：平衡计分卡考核将组织的战略目标作为绩效评估的基础。它帮助组织将战略转化为具体的指标和目标，并跟踪和评估战略的实施情况。平衡计分卡考核使组织能够将绩效管理与战略规划紧密结合。

平衡计分卡考核通常包括以下四个维度。

（1）财务维度：关注组织的财务绩效，如收入增长、利润率、投资回报率等。这个维度反映了组织的财务健康和可持续性。

（2）客户维度：关注组织与客户之间的关系和满意度，如市场份额、客户满意度、客户忠诚度等。这个维度反映了组织在市场中的竞争力和客户价值。

（3）内部流程维度：关注组织内部的关键流程和运营效率，如生产周期、产品质量、客户反应时间等。这个维度反映了组织的内部运营和流程改进能力。

（4）学习和成长维度：关注组织的学习和创新能力，如员工培训、知识管理、创新项目等。这个维度反映了组织的学习和发展潜力。

通过平衡计分卡考核，组织可以综合评估绩效，了解战略目标的实现情况，并采取相应的措施来提升绩效。

第 9 章　相关图片

第10章 奖惩管理

在人力资源管理中，奖惩管理是一种通过奖励和惩罚措施来管理和激励员工绩效和行为的方法。奖惩管理旨在通过激励和约束机制，引导和规范员工的行为，以提高工作效率和质量。奖惩管理涉及以下方面：奖励措施，包括薪资奖励、绩效奖金、奖励性福利、员工表彰等；惩罚措施，包括纪律处分、绩效下降、扣减薪资、降职、解雇等。奖惩管理的目标是建立公平、公正和透明的激励和约束机制，以激发员工的积极性、创造力和工作动力，并促进员工的个人发展和组织目标的实现。同时，奖惩管理也需要注意平衡奖励和惩罚的使用，确保公正性和合理性，避免主观性和偏见的影响。

10.1 奖惩管理的概念、主要内容及作用

10.1.1 奖惩管理的概念

奖惩管理是指在组织或企业中，通过奖励和惩罚措施来管理和激励员工的绩效和行为的一种管理方法。它旨在激励员工，同时纠正不当行为，以提高员工的工作动力和绩效水平。

奖惩管理的概念包括以下几个方面。

（1）奖励措施：奖励措施是通过给予员工一定的回报或福利来激励和鼓励他们的优秀表现。这包括薪资奖励、绩效奖金、奖励性福利、员工表彰等。奖励措施应该与员工的绩效和贡献相匹配，以激励他们继续努力和取得更好的业绩。

（2）惩罚措施：惩罚措施是针对员工的不当行为或绩效不佳而采取的纠正措施。这包括纪律处分、绩效下调、扣减薪资、降职、解雇等。惩罚措施的目的是纠正员工的不当行为，以及激励他们提高绩效和改善行为。

（3）公平和公正：奖惩管理应该建立在公平和公正的原则上。奖励和惩罚措施应该基于客观的标准和评估体系，避免主观偏见和歧视的影响。员工应该有机会充分了解奖惩政策，并对奖惩决策过程有清晰的了解。

（4）目标导向：奖惩管理应该与组织的目标和战略一致。奖励和惩罚措施应该与组织的绩效目标和价值观相匹配，以确保员工的行为和绩效与组织的期望相一致。

10.1.2 奖惩管理的主要内容

1. 奖励措施

奖励措施是通过给予员工一定的回报或福利来激励和鼓励他们的优秀表现。这包括以下几个方面。

（1）薪资奖励：根据员工的绩效和贡献，给予员工额外的薪资奖金或加薪。

（2）绩效奖金：根据员工的绩效目标和绩效评估结果，给予员工额外的奖金。

（3）奖励性福利：如员工旅游、假期奖励、员工福利卡等。

（4）员工表彰：通过公开表彰、颁发奖状或证书等方式，表彰员工的优秀表现和成就。

2. 惩罚措施

惩罚措施是针对员工的不当行为或绩效不佳而采取的纠正措施。这包括以下几个方面。

（1）纪律处分：如口头警告、书面警告、停职等。

（2）绩效下调：将员工的绩效评级或绩效得分下调，影响其薪资和晋升机会。

（3）扣减薪资：根据员工的不当行为或绩效不佳，扣减一部分薪资。

（4）降职：将员工从原有职位降级到较低的职位。

（5）解雇：终止与员工的雇佣关系。

3. 绩效评估和反馈

奖惩管理需要建立有效的绩效评估体系，对员工的绩效和行为进行定期评估和反馈。这包括定期的绩效评估会议、360考核反馈、目标设定和跟踪等。

4. 奖惩政策和程序

奖惩管理需要建立明确的奖惩政策和程序，确保公平、公正和透明。这包括制定奖励和惩罚的标准和条件，明确奖惩的程序和流程，以及规定员工的权利和申诉渠道。

5. 员工参与和沟通

奖惩管理需要员工进行积极的参与和沟通，让员工了解奖惩政策和程序，以及他们的权利和责任。员工应该有机会提出意见和建议，并参与奖惩决策的过程。

奖惩管理需要综合考虑组织的目标、员工的需求和公平公正的原则，以激励员工的积极性，提高其绩效和促进个人发展。同时，它也需要谨慎使用，避免滥用和不公正对待员工。

10.1.3 奖惩管理的作用

奖惩管理在组织中起着重要的作用，其主要作用包括以下几个方面。

（1）激励员工：奖惩管理可以通过给予奖励来激励员工的积极表现和优异绩效。奖励如薪资奖金、绩效奖金、福利待遇等，可以增强员工的动力和工作满意度，促使他们更加努力地工作和取得更好的业绩。

（2）塑造组织文化：奖惩管理可以帮助塑造和传递组织的价值观和行为准则。通过奖励那些符合组织价值观和期望的行为，以及惩罚那些违反组织价值观和行为准则的行为，可以建立起一种积极向上、诚信守法的组织文化。

（3）提高绩效：奖惩管理可以促使员工提高绩效和工作质量。通过设定明确的绩效目标，并与奖励和惩罚相结合，可以激发员工的工作动力和责任感，推动他们不断提升自己的绩效水平，实现个人和组织的目标。

（4）促进个人发展：奖惩管理可以帮助员工发展和成长。通过给予奖励，可以鼓励员工不断学习和提升自己的能力，拓展职业发展的机会。同时，通过惩罚不当行为或绩效不佳，可以促使员工反思和改进自己的行为和能力，实现个人的成长和发展。

（5）维护公平公正：奖惩管理需要建立公平公正的奖惩机制和程序，确保员工被公平对待。通过明确的奖惩标准和流程，以及公开透明的决策过程，可以减少主观因素的影响，确保奖惩的公正性和客观性。

奖惩管理在激励员工、塑造组织文化、提高绩效、促进个人发展和维护公平公正方面起着重要的作用。然而，它需要谨慎使用，避免滥用和不公正对待员工。

10.2 系统综述

10.2.1 系统简介

本章实验的目的是更好地理解和应用奖惩机制在组织管理中的作用。奖惩机制是激励员工、提高工作效率和促进组织目标实现的重要手段。通过科学的实验研究，可以帮助管理者更好地设计和实施奖惩制度，从而提升组织整体绩效。

人力资源管理教学系统软件中奖惩管理系统包含奖励申请、奖励申请审批、奖励公告发布、惩罚申请、惩罚申请审批、惩罚公告发布等环节，用简单的六个环节将奖惩管理系统功能概括出来，使得该系统结构简单、清晰，但又不失功能的完备性，能够让学生在很短的时间里就可以了解到奖惩管理的含义和奖惩流程以及各个流程点的重要性。

10.2.2 实验流程

本章的实验主要是为了熟悉奖惩管理的审批流程，含奖励管理和惩罚管理，奖励部分的实验依次是奖励申请、奖励申请审批、奖励公告发布；惩罚部分的实验依次是惩罚申请、惩罚申请审批、惩罚公告发布，如图 10-1 所示。

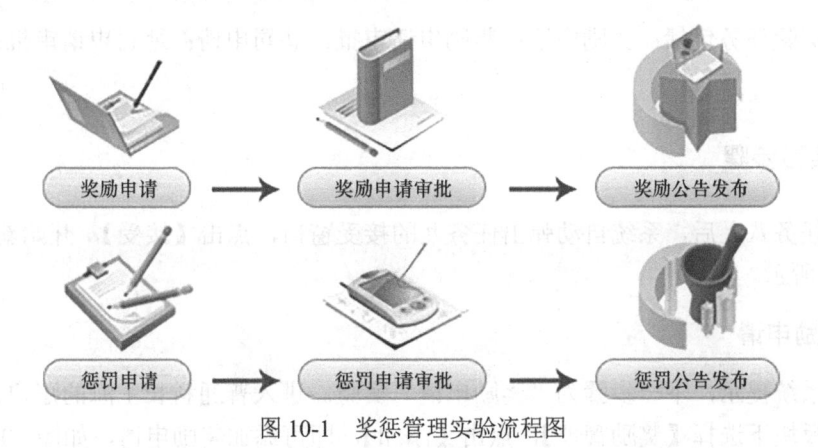

图 10-1 奖惩管理实验流程图

10.2.3 实验目的

（1）掌握奖惩管理的基本理论：帮助学生理解奖惩管理的基本概念、理论框架和实践应用。

（2）研究奖惩对行为和绩效的影响：通过实验观察和分析不同类型的奖励和惩罚对个体行为和团队绩效的影响。

（3）提升实验设计和数据分析能力：使学生参与实验设计、数据收集和分析的全过程，培养其科学研究能力和逻辑思维。

10.3 实 验 指 导

10.3.1 实验情景

考核完毕后，可以针对考核成绩的高低，对员工给予适当的奖惩，以督促其工作更好地展开，提高各部门的工作效率。

10.3.2 实验数据

本章实验以张玲为例进行奖惩管理实验，具体实验所用数据如表 10-1 所示。

表 10-1 奖励申请

项目	基本信息
奖励申请名称	考核奖励
员工姓名	张玲
奖励类型	表扬
奖励说明	考核成绩优秀，予以奖励

10.3.3 实验任务

本章实验任务包括：奖励申请；奖励申请审批；惩罚申请；惩罚申请审批；奖惩公告发布。

10.3.4 实验步骤

完成任务八之后，系统自动弹出任务九的接受窗口，点击【接受】，开始新的实验，如图 10-2 所示。

1. 奖励申请

根据系统提示，下一步骤为"奖励申请"实验。进入普通科长王海的账户，在"奖惩管理"板块下选择【奖励管理】，点击【添加】，即可添加奖励申请，如图 10-3 所示。填写奖励申请表，选择要执行的操作，点击【确定】，如图 10-4 所示。在"所有的"状态下，对奖励申请进行提交，选中该奖励申请，点击下方的【提交】，如图10-5所示。

图10-2 奖惩管理任务接受界面

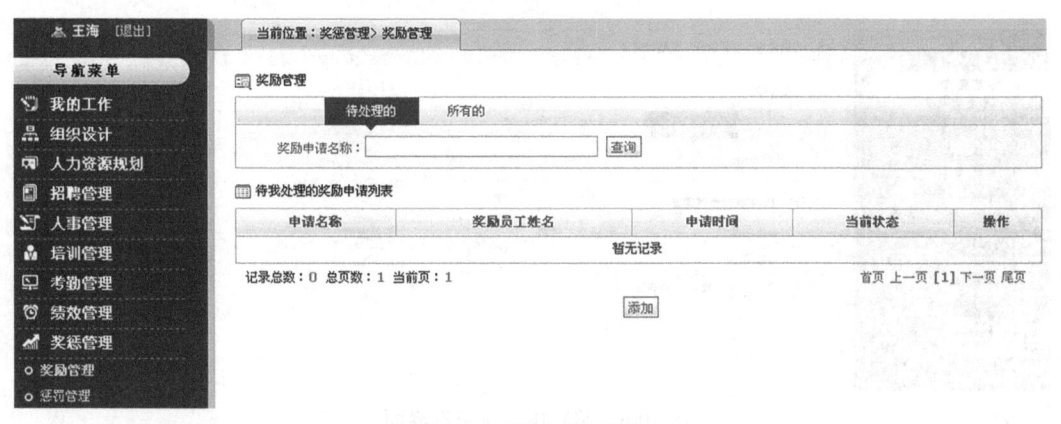

图10-3 奖励管理界面

图10-4 奖励申请添加界面

图 10-5 奖励申请提交界面

2. 奖励申请审批

根据系统提示，下一步骤为"奖励申请审批"实验。进入人事科长李明的账户，对该奖励申请进行审批，如图 10-6 所示。审批结束后需要提交上一级进行审批，需进入处长王军的账户，继续对该申请进行审批，如图 10-7 所示。

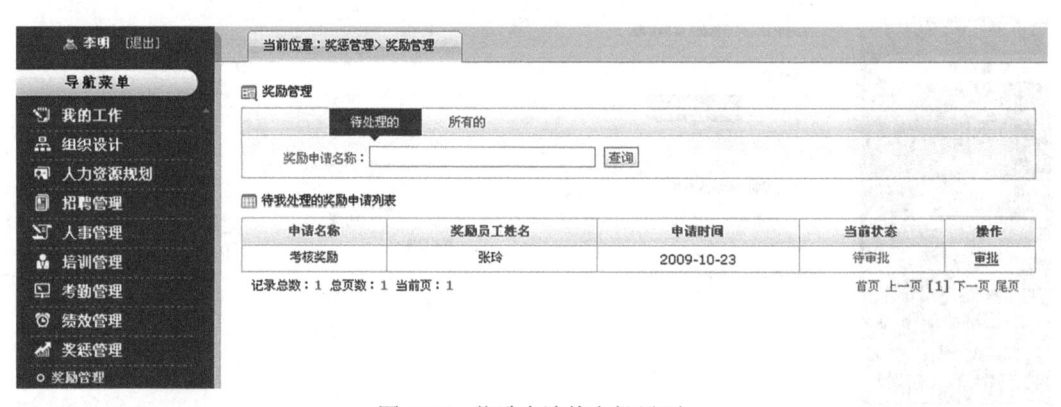

图 10-6 奖励申请待审批界面

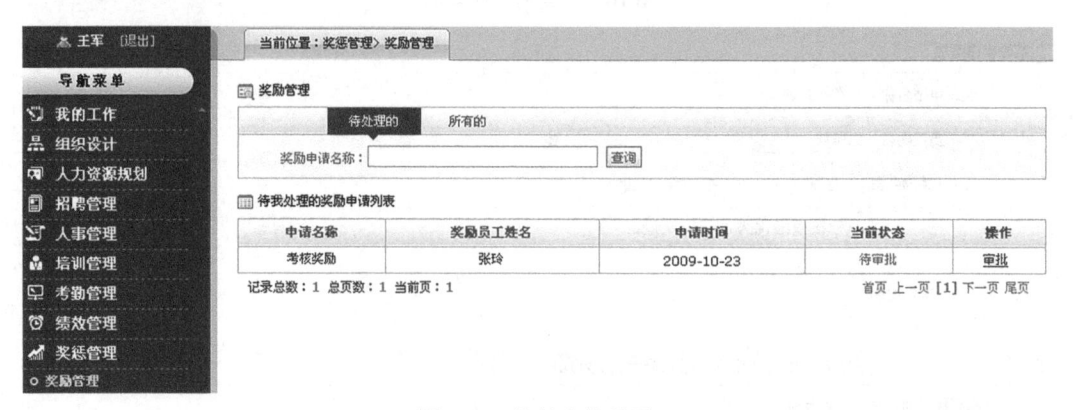

图 10-7 处长审批界面

惩罚管理的申请以及审批过程与奖励管理的流程相同，不再进行逐一演示。

3. 奖惩公告发布

当惩罚申请和审批完成之后，根据系统提示，下一步骤为"奖惩公告发布"实验。进入人事科员李晓的账户，在"奖惩管理"板块下选择【发布公告】。在"奖励公告"或者"惩罚公告"状态下可以查询到经过审批的奖励和惩罚列表，点击操作下方的【发布】，如图10-8所示。告知员工，选择接收该条公告的员工，点击【添加】，如图10-9所示，点击【发送】，员工即可接收到奖惩信息。

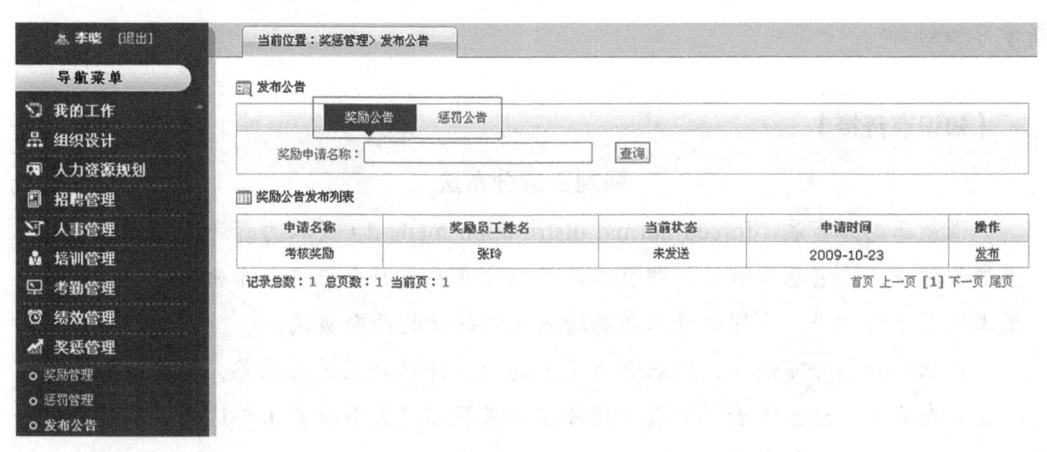

图10-8 奖励公告发布界面

图10-9 接收公告员工选择

【本章小结】

本章主要介绍了奖惩管理系统的简介和功能模块。奖惩管理是部门为激发职工潜能、发挥斗志而采取的一种管理制度。人力资源管理实验教学系统软件中的奖惩管理系统包括奖励申请、奖励审批、奖励公告发布、惩罚申请、惩罚审批和惩罚公告发布等环节。通过这些环节，系统能够实现奖励和惩罚管理的全流程，规范员工的行为，鼓励其奋发向上，提高工作效率。本章的实验任务包括奖励申请、奖励申请审批、惩罚申请、惩罚申请审批和奖惩公告发布。

本章的学习和实验，可以使学生了解奖惩管理的含义、奖惩流程以及各个流程点的重要性，提高学生实际操作的能力。

【思考题】

1. 在远程办公和虚拟团队的时代，组织应如何有效地实施奖惩管理系统来激励和管理员工？

2. 随着对工作与生活平衡和员工福祉的重视的增加，考虑员工的心理和情感健康，组织应如何将更全面的奖惩管理方法融入人力资源管理中？

3. 在快速变化和竞争激烈的商业环境中，组织应如何调整奖惩策略，以鼓励员工不断学习和创新？

【知识点链接】

强制正态分布法

强制正态分布法（forced normal distribution method）是人力资源管理中的一种奖惩管理方法。它基于假设，即员工的绩效分布应该符合正态分布曲线，即大部分员工处于平均水平，少部分员工在高绩效或低绩效的两个极端。

在强制正态分布法中，组织会对员工的绩效评估结果进行调整，使得绩效分布符合正态分布。这意味着，如果绩效评估结果显示绝大多数员工都达到了高绩效水平，那么组织可能会降低一些员工的评级，使得绩效分布更加符合正态分布。相反，如果绩效评估结果显示大部分员工处于低绩效水平，那么组织可能会提高一些员工的评级。

强制正态分布法的目的是通过调整绩效评估结果，使得员工的绩效分布更加均衡，避免出现过多员工集中在高绩效或低绩效的极端情况。这种方法旨在提高绩效评估的公平性和准确性，确保奖惩措施能够更好地与员工的实际表现相匹配。然而，强制正态分布法也存在一些缺陷，因为它可能存在评级的人为调整，而不完全基于员工的实际表现，导致绩效评估结果的公平公正性无法保证。

第 10 章　相关图片

第 11 章　保险与福利管理

保险与福利管理是人力资源管理中的重要领域，包括为员工提供各种保险和福利计划，满足他们的健康、经济和生活需求。其主要内容包括保险计划（医疗保险、意外伤害保险、生育保险等）、福利计划（退休计划、假期政策、员工福利等）、福利管理、法律合规性、员工沟通和教育，以及成本控制和效益评估。保险与福利管理对组织至关重要，有助于吸引和留住优秀员工，提高员工满意度和忠诚度，关注员工的健康和福祉，体现组织的责任和关爱。

11.1　保险的概念、内涵及类型

1. 保险的概念

在人力资源管理中，保险是指企业为其员工购买的各种保险产品，以为员工在工作和生活中面临的各种风险提供保障。这些保险产品通常包括医疗保险、工伤保险、失业保险、养老保险、生育保险等。通过提供这些保险，企业不仅可以提高员工的福利水平，还能增强员工的归属感和工作满意度，从而提升企业在激烈的人才市场中的整体竞争力。

2. 保险的内涵

1）员工福利保障

员工福利保障是指企业通过购买保险，为员工提供医疗、养老、工伤等方面的保障。通过提供全面的保险保障，企业可以减轻员工在生活和工作中的经济压力，提高员工的生活质量和工作满意度。

2）风险管理

风险管理是指企业通过购买保险，转移员工在工作中可能面临的各种风险，包括健康风险、工伤风险等。通过有效的风险管理，企业可以减少因员工受伤或生病而导致的经济损失，确保企业运营的稳定性和持续性。

3）法律合规

法律合规是指企业在购买保险时，遵循国家和地方的法律法规，确保企业的用工行为合法合规。通过购买符合法律要求的保险，企业可以避免因违法用工而面临的法律风险和经济处罚，维护企业的合法权益。

3. 保险的类型

1）医疗保险

医疗保险是指企业为员工购买的，用于支付员工因疾病或意外伤害所产生的医疗费用的保险。

2）工伤保险

工伤保险是企业为员工购买的，用于支付员工因工作原因受伤或患职业病所产生的医疗费用和经济补偿的保险。

3）失业保险

失业保险是指企业为员工购买的，用于支付员工因失业而产生的生活费用的保险。

4）养老保险

养老保险是指企业为员工购买的，用于支付员工退休后生活费用的保险。

5）生育保险

生育保险是指企业为员工购买的为保障员工尤其是女性员工在生育期间的基本生活和医疗需求的保险。

11.2　福利的概念、内涵及类型

1. 福利的概念

在人力资源管理中，员工福利是指企业在薪酬之外，为员工提供的各种非现金形式的补偿和服务。这些福利旨在提高员工的生活质量、工作满意度和整体福利水平，从而增强员工的归属感和忠诚度，最终提高企业的整体绩效。

2. 福利的内涵

1）员工满意度

员工满意度是指员工对企业所提供的福利待遇的满意程度。企业通过提供丰富的福利待遇，可以提高员工的满意度，增强员工的工作积极性和忠诚度。

2）工作与生活平衡

工作与生活平衡是指员工在工作和个人生活之间找到合理的平衡点。企业通过提供灵活的工作时间、带薪休假、家庭支持等福利，可以帮助员工实现工作与生活的平衡，提高员工的幸福感和工作效率。

3）健康与安全

健康与安全是指企业为员工提供的健康保障和安全工作环境。企业通过提供医疗保险、定期体检、心理咨询等福利，可以保障员工的身心健康，减少因疾病和工伤等原因导致的工作中断等问题。

4）职业发展

职业发展是指企业为员工提供的职业培训和发展机会。企业通过提供培训、晋升机会、职业规划等福利，可以帮助员工提升技能和职业素养，增强员工的职业发展前景和工作满意度。

5）经济保障

经济保障是指企业为员工提供的各种经济支持和保障措施。企业通过提供住房补贴、交通补贴、子女教育补助等福利，可以减轻员工的经济负担，提高员工的生活质量。

6）文化与娱乐

文化与娱乐是指企业为员工提供的各种文化娱乐活动和设施。企业通过提供团队建设活动、员工俱乐部、文体活动等福利，可以丰富员工的业余生活，增强团队凝聚力和员工的归属感。

3. 福利的类型

1）健康福利

健康福利是指企业为员工提供的与健康相关的福利待遇，包括医疗保险、定期体检、心理咨询、健身房会员等。

2）休假福利

休假福利是指企业为员工提供的各种带薪休假和假期安排，包括年假、病假、产假、陪产假、带薪休假等。

3）经济福利

经济福利是指企业为员工提供的各种经济支持和补贴，包括住房补贴、交通补贴、子女教育补助、餐饮补贴等。

4）职业发展福利

职业发展福利是指企业为员工提供的职业培训和发展机会，包括培训课程、晋升机会、职业规划、学费报销等。

5）文化娱乐福利

文化娱乐福利是指企业为员工提供的各种文化娱乐活动和设施，包括团队建设活动、员工俱乐部、文体活动、节日庆祝等。

人力资源管理部门负责设计、实施和管理这些福利计划，确保福利政策符合法律法规，并与员工进行有效的沟通和交流，使员工了解他们的权益和福利计划的细节。

11.3　保险与福利管理的概念及作用

11.3.1　保险与福利管理的概念

人力资源管理中的保险与福利管理是指负责组织内员工保险和福利计划的一项重要职责，包括协调和管理各种保险计划，设计、实施和管理各种福利计划，并确保这些计划的有效管理和运作。

11.3.2 保险与福利管理的作用

人力资源管理中的保险与福利管理在组织中起着重要的作用，主要包括以下几种。

（1）吸引和留住人才：提供有竞争力的保险和福利计划可以吸引优秀的人才加入组织，并帮助组织留住现有的员工。员工在选择工作时，通常会考虑组织提供的保险和福利待遇，这对于组织在激烈的人才市场中保持竞争力至关重要。

（2）提高员工满意度和忠诚度：良好的保险和福利计划可以提高员工的满意度和忠诚度。员工知道组织关心他们的健康和福利，会感到被重视和关心，从而更加投入地工作并展现出更高的工作表现。

（3）提高员工健康和福利：保险和福利计划可以帮助员工提供医疗保险、退休计划、假期政策等福利，提高员工的生活质量和福利水平。这有助于员工保持健康、减少压力，提高工作效率和生产力。

（4）提升组织形象：良好的保险和福利计划可以提升组织的形象和声誉，使组织成为首选的雇主。这有助于吸引更多的优秀人才，与其他组织竞争，树立组织的良好形象。

（5）降低风险和成本：有效的保险计划可以帮助组织降低风险和成本。例如，医疗保险可以减少员工因疾病或意外受伤而导致的医疗费用，员工福利计划可以降低员工离职率和招聘的成本。

（6）促进员工发展和职业成长：福利计划中的职业发展福利可以为员工提供培训和学习机会，帮助员工提升职业技能，促进员工的个人成长和职业发展。

人力资源管理中的保险和福利管理的作用是吸引和留住人才、提高员工满意度和忠诚度、提高员工健康和福利、提升组织形象、降低风险和成本，以及促进员工发展和职业成长。这些作用对于组织的长期成功和可持续发展至关重要。

11.4 系 统 综 述

11.4.1 系统简介

人力资源部门建立养老、医疗等项目的社会保险制度，能够满足员工对社会保险的需求，保障其基本生活需要，提高其福利待遇，有利于吸引和留住更多人才，维护社会安定和谐。

学生通过完成本章实验，能够轻松了解各种保险与福利，了解社会保险与福利设置的重要性。

11.4.2 实验流程

在保险与福利管理实验中，主要的实验流程是依次进行保险基数管理、保险比例管理、职位保险基数管理、职位保险比例管理、员工保险基数编辑、福利配置、员工福利管理、福利发放汇总、医疗报销项目配置、医疗报销申请、医疗报销审批、医疗报销汇总等，如图 11-1 所示。

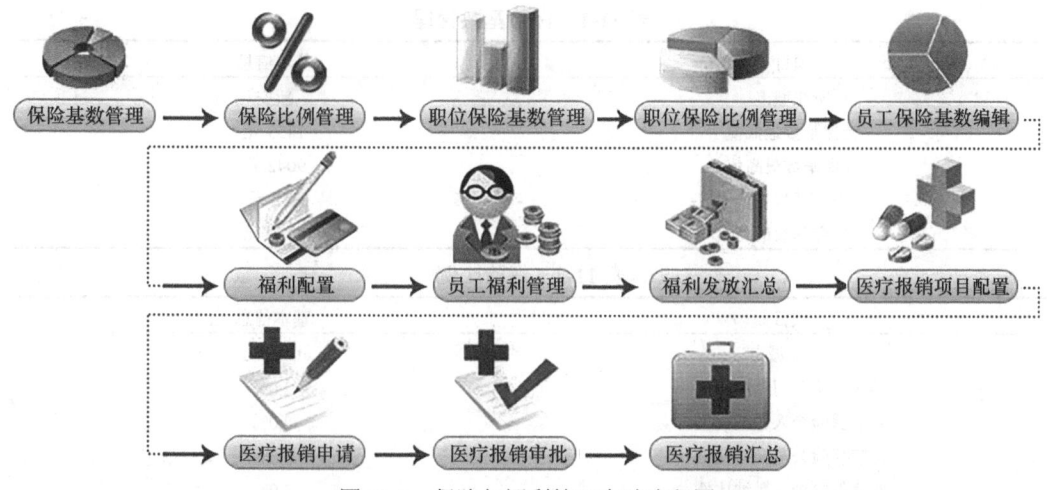

图 11-1　保险与福利管理实验流程图

11.4.3　实验目的

（1）理解保险与福利的基本概念：帮助学生掌握保险与福利管理的基本概念、原理和功能，了解其在人力资源管理中的重要性。

（2）设计企业保险方案：让学生模拟设计企业的保险方案，包括养老保险、医疗保险、工伤保险、失业保险、生育保险等，理解不同保险产品的设计要素和适用场景。

（3）福利计划的制订与实施：培养学生设计和实施企业福利计划的能力，通过模拟实验，学习如何制订符合企业战略和员工需求的福利计划。

（4）风险管理与评估：使学生掌握企业风险管理的基本方法和策略，通过案例分析和模拟实验，学习如何评估和管理企业面临的各种风险。

（5）法律法规与合规管理：帮助学生理解保险与福利管理相关的法律法规和合规要求，学习如何在法律框架内设计和管理企业的保险与福利计划。

11.5　实　验　指　导

11.5.1　实验情景

新安市规划局为公务人员配置了保险以及福利的相关信息，设置医疗项目，通过审批，保障其利益。

11.5.2　实验数据

本章实验中保险部分的实验以"五险一金"[①]作为实验项目，实验数据的添加如表 11-1、表 11-2 所示，福利部分以生育补贴为例进行演示，实验数据如表 11-3、表 11-4 所示。

---

① 五险一金是指养老保险、医疗保险、工伤保险、失业保险、生育保险和公积金。

表 11-1 保险基数管理

项目	基本信息
所在城市	新安
社保基数最低值	1455 元
社保基数最高值	9042 元
公积金基数最低值	850 元
公积金基数最高值	8900 元

表 11-2 保险比例

项目	基本信息
所在城市	新安
养老保险公司缴纳比例	2.0%
养老保险个人缴纳比例	8.0%
医疗保险公司缴纳比例	8.5%
医疗保险个人缴纳比例	2.0%
工伤保险公司缴纳比例	0.4%
工伤保险个人缴纳比例	0.0%
失业保险公司缴纳比例	1.0%
失业保险个人缴纳比例	1.0%
生育保险公司缴纳比例	0.7%
生育保险个人缴纳比例	0.0%
公积金公司缴纳比例	10.0%
公积金个人缴纳比例	10.0%

表 11-3 福利项目添加

项目	基本信息
福利项目名称	计划生育补贴
福利项目解释	计划生育补贴

表 11-4 医疗报销申请

项目	基本信息
医疗报销申请名称	计划生育手术
医疗报销项目名称	医疗费
医疗费用	1000 元
医疗明细	计划生育所需手术的费用

11.5.3 实验任务

本章实验任务包括保险基数管理；保险比例管理；职位保险基数管理；职位保险比例管理；员工保险基数编辑；福利配置；员工福利管理；福利发放汇总；医疗报销项目配置；医疗报销申请；医疗报销审批；医疗报销汇总。

11.5.4 实验步骤

完成任务九，系统自动弹出任务十的接受窗口，点击【接受】后开始保险与福利管理的实验，如图 11-2 所示。

1. 保险基数管理

根据系统提示，下一步骤为"保险基数管理"实验。选择"保险与福利管理"板块下的【添加】，如图 11-3 所示。填写社会保险基数以及公积金基数的最低值和最高值，如图 11-4 所示。

图 11-2　保险与福利管理任务接受界面

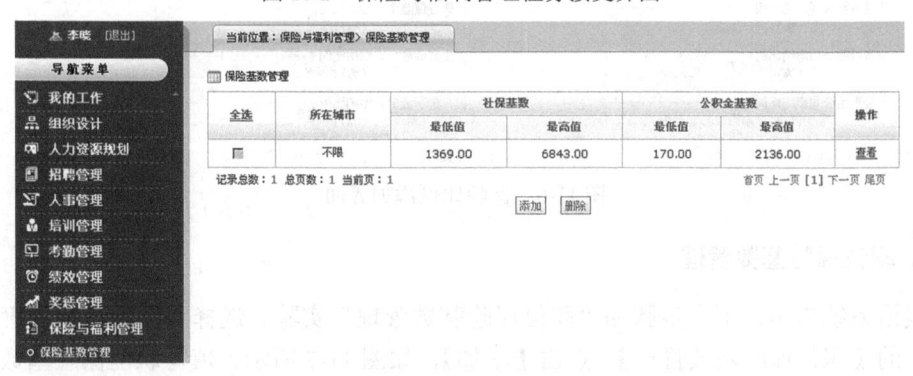

图 11-3　保险基数管理界面

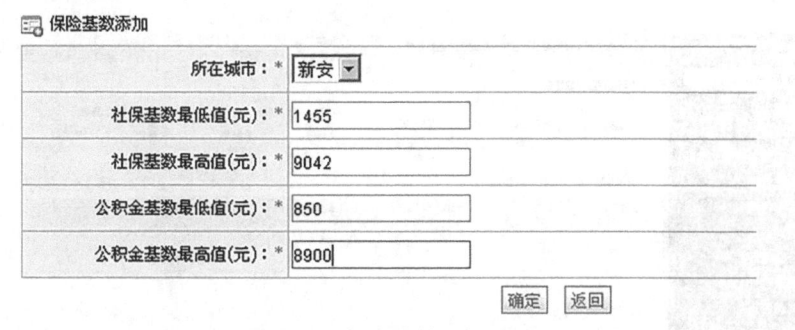

图 11-4　保险基数添加界面

2. 保险比例管理

根据系统提示，下一步骤为"保险比例管理"实验。选择"保险与福利管理"板块下的【保险比例管理】,点击【添加】,如图 11-5 所示。填写公司和个人缴纳的各种保险比例,如图 11-6 所示。

图 11-5　保险比例管理界面

图 11-6　保险比例添加界面

3. 职位保险基数管理

根据系统提示,下一步骤为"职位保险基数管理"实验。选择"保险与福利管理"板块下的【职位保险基数管理】,点击【添加】,如图 11-7 所示。填写职位保险基数,如图 11-8 所示。

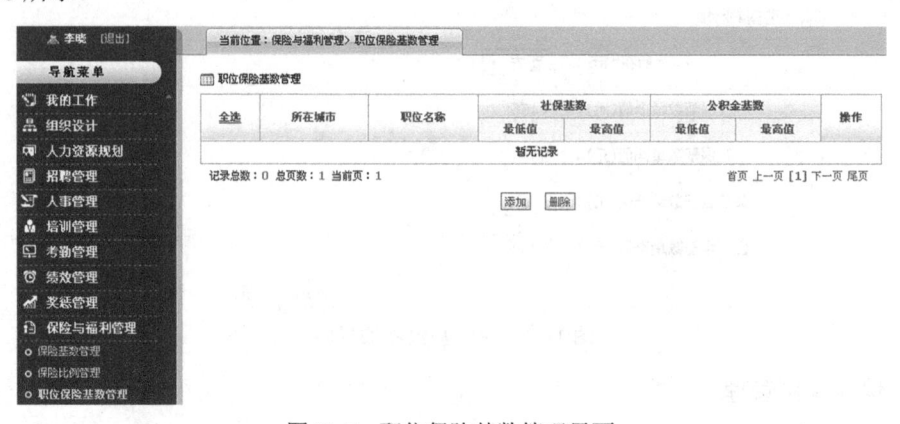

图 11-7　职位保险基数管理界面

图 11-8　职位保险基数添加界面

4. 职位保险比例管理

根据系统提示，下一步骤为"职位保险比例管理"。选择"保险与福利管理"板块下的【职位保险比例管理】，点击【添加】，如图 11-9 所示。填写职位保险比例，如图 11-10 所示。

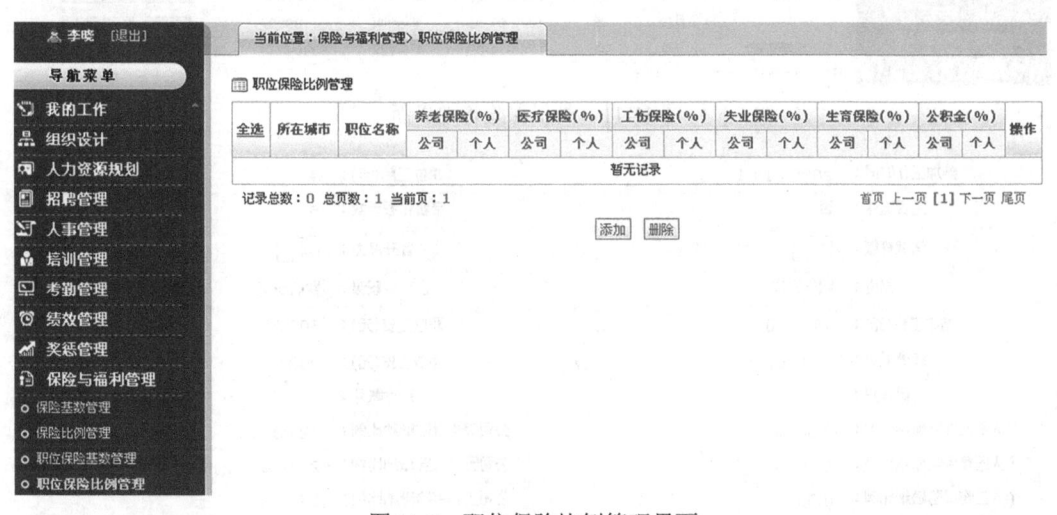

图 11-9　职位保险比例管理界面

图 11-10　职位保险比例添加界面

5. 员工保险基数编辑

根据系统提示，下一步骤为"员工保险基数编辑"实验。选择"保险与福利管理"板块下的【员工保险管理】，可以查看员工保险管理列表，如图 11-11 所示。点击【基数编辑】，可以针对个人进行社会保险基数和公积金基数的修改，如图 11-12 所示。

图 11-11 员工保险管理界面

图 11-12 基数编辑界面

6. 福利配置

根据系统提示，下一步骤为"福利配置"实验。选择"保险与福利管理"板块下的【福利配置】，点击【添加福利项目】，如图 11-13 所示。填写福利项目的名称及内容，如图 11-14 所示。

图 11-13 福利配置界面

图 11-14 福利项目添加界面

7. 员工福利管理

根据系统提示，下一步骤为"员工福利管理"实验。选择"保险与福利管理"板块下的【员工福利管理】，点击【福利项目配置】，对其福利项目进行管理，如图 11-15 所示。点击【福利项目选择】，如图 11-16 所示，选择该员工享受的福利项目，点击【添加】，如图 11-17 所示，为各项福利设置金额，点击【确定】，如图 11-18 所示，即可完成员工福利的添加、配置实验。

图 11-15 员工福利管理界面

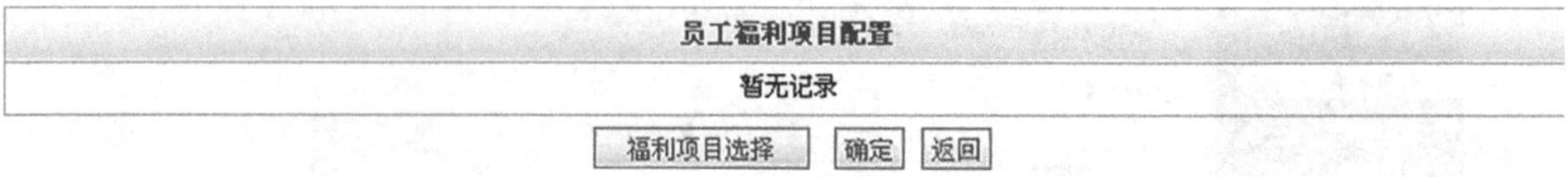

图 11-16 福利项目选择点击界面

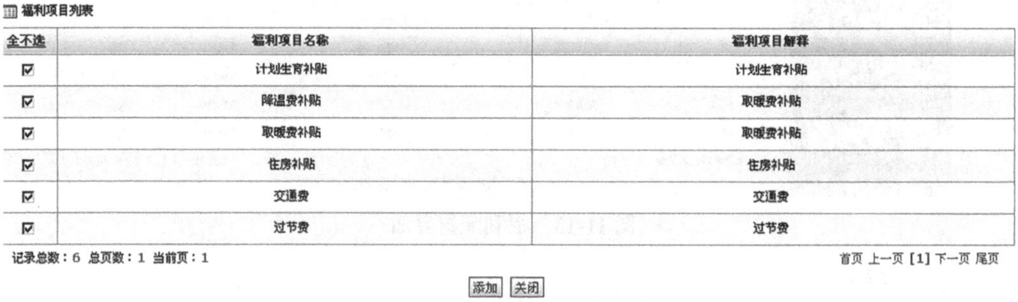

图 11-17 福利项目选择界面

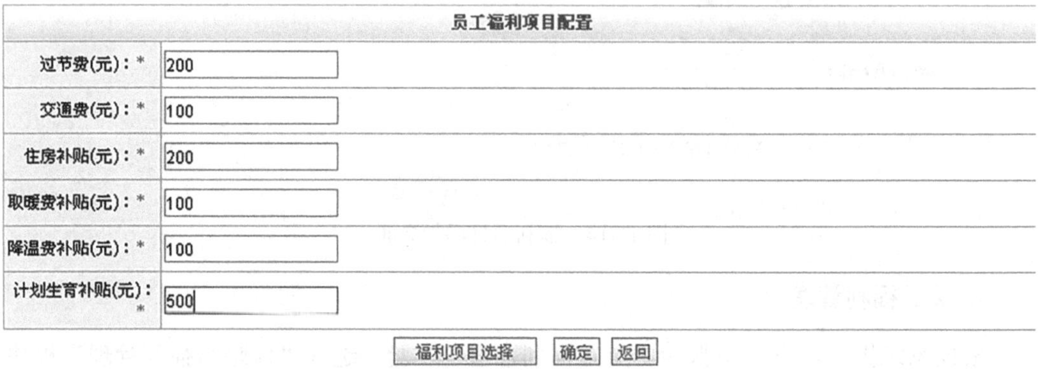

图 11-18 员工福利项目配置界面

8. 福利发放汇总

根据系统提示，下一步骤为"福利发放汇总"实验。在"福利发放汇总"状态下，能够查看员工福利项目年度汇总列表，也可以将其导出，如图 11-19 所示。

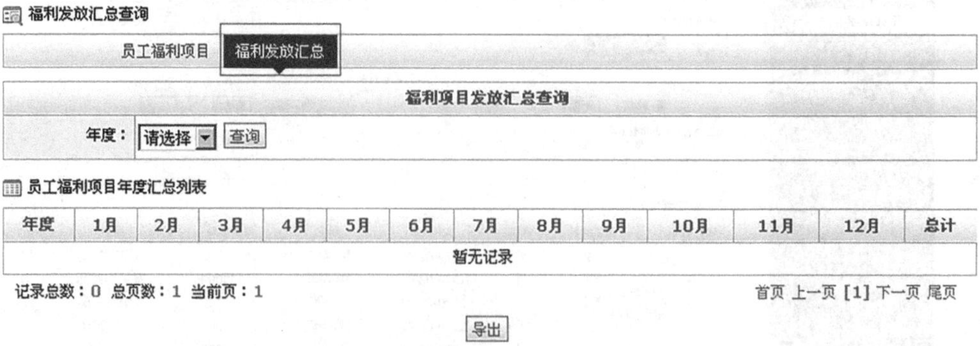

图 11-19 福利发放汇总界面

9. 医疗报销项目配置

根据系统提示，下一步骤为"医疗报销项目配置"实验。选择"保险与福利管理"板块下的【医疗报销项目配置】，点击【添加医疗报销项目】，如图 11-20 所示。填写医疗报销项目，如图 11-21 所示。

图 11-20 医疗报销项目配置界面

图 11-21 医疗报销项目添加界面

10. 医疗报销申请

根据系统提示，下一步骤为"医疗报销申请"实验。选择"保险与福利管理"板块下的【医疗报销申请审批】，点击【添加】，如图 11-22 所示。填写医疗报销申请表，如图 11-23 所示。

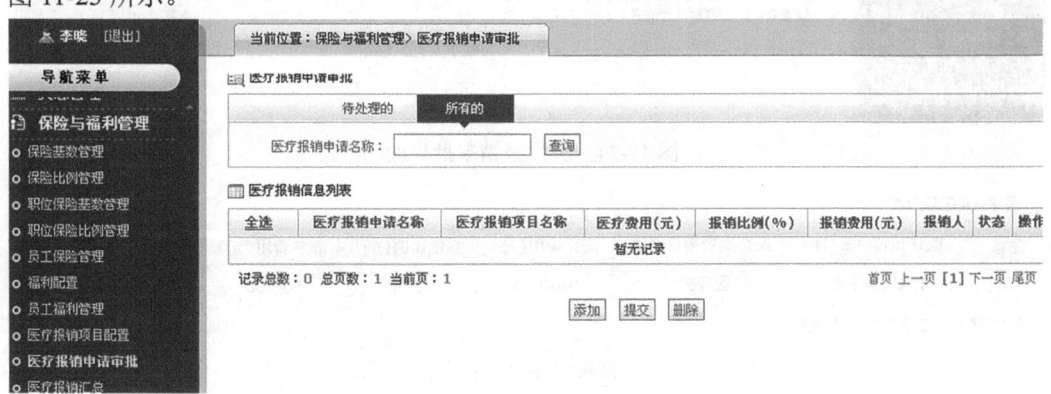

图 11-22 医疗报销申请界面

图 11-23　医疗报销申请填写界面

11. 医疗报销审批

根据系统提示，下一步骤为"医疗报销审批"实验。在"所有的"状态下，如图 11-24 所示，选中该医疗报销申请，并【提交】，如图 11-25 所示。进入普通科长王海的账户，对该申请进行审批，如图 11-26 所示，审批结束后进入处长王军账户继续审批，如此，医疗申请以及审批流程结束。

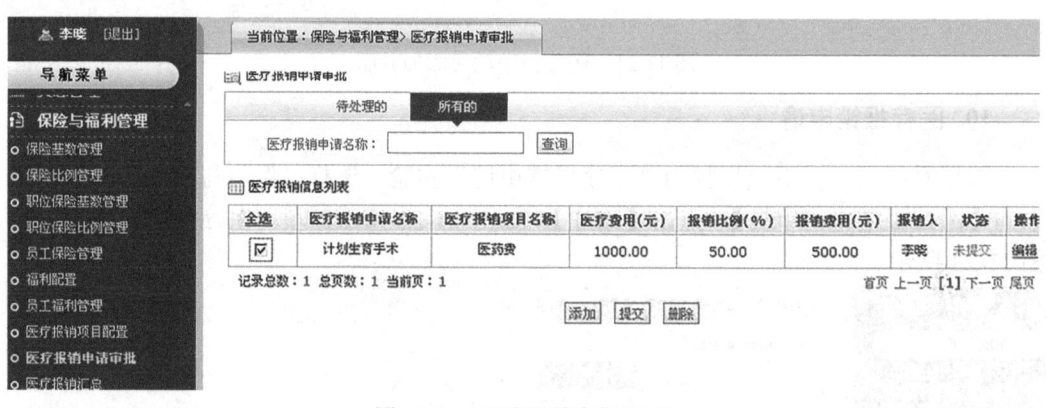

图 11-24　医疗报销审批界面

图 11-25　医疗报销申请提交界面

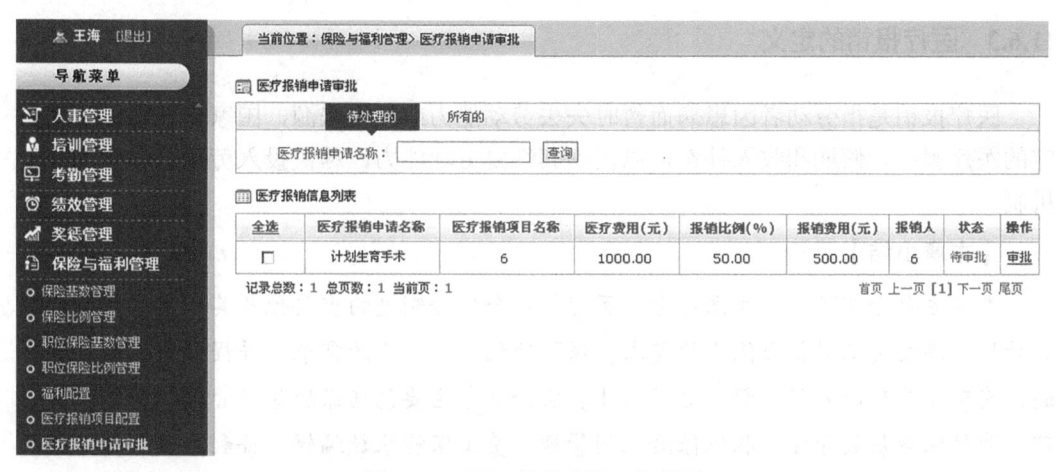

图 11-26 医疗报销申请审批界面

12. 医疗报销汇总

根据系统提示，下一步骤为"医疗报销汇总"实验。选择"保险与福利管理"板块下的【医疗报销汇总】，可以查看医疗报销年度汇总列表，并可以将其导出，如图 11-27 所示。

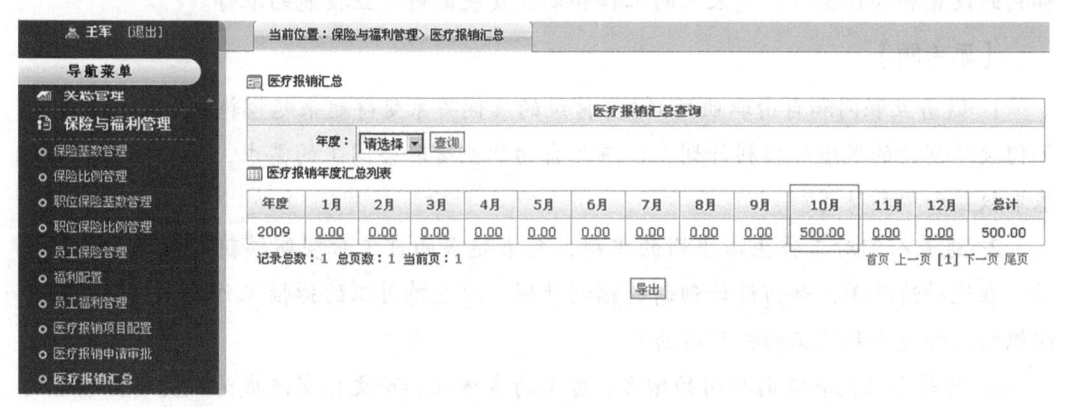

图 11-27 医疗报销汇总界面

11.6 相 关 知 识

11.6.1 社保的定义

社会保险是国家通过立法的形式，由社会集中建立基金，以使劳动者在年老、患病、工伤、失业、生育等丧失劳动能力的情况下能够获得国家和社会补偿与帮助的一种社会保障制度。它包括养老保险、医疗保险、工伤保险、失业保险、生育保险。

11.6.2 工伤保险的定义

根据不同行业的工伤风险程度确定行业的差别费率，用人单位应当按时缴纳工伤保险费。职工个人不缴纳工伤保险费。

11.6.3 医疗报销的定义

医疗报销是指劳动者因患病而暂时失去劳动能力或收入来源，国家和社会给予其一定的医疗服务、假期和收入补偿，以促使其恢复劳动能力，尽快投入劳动过程中的社会机制。

【本章小结】

本章主要介绍了部门建立养老、医疗等社会保险制度的重要性及其作用，保险和福利计划，满足员工对社会保险的需求，保障他们的基本生活需求，并提升他们的福利待遇，有助于为部门吸引和留住更多人才。实验任务主要包括保险基数管理、保险比例管理、职位保险基数管理、职位保险比例管理、员工保险基数编辑、福利配置、员工福利管理、福利发放汇总、医疗报销项目配置、医疗报销申请、医疗报销审批、医疗报销汇总等具体的实验操作环节。

通过本章的学习和实验，学生能基本了解部门的各类保险和福利计划，能深入了解员工保险和福利设置的作用和重要性，通过实验任务的操作，学生能够掌握部门保险和福利的设置和操作流程，为未来的工作和职业发展做好专业技能的准备。

【思考题】

1. 随着互联网和自由职业的兴起，传统的雇佣关系变得越来越模糊。在这种情况下，如何设计创新的保险和福利计划，以满足自由职业者和合同工的需求，同时保障他们的基本权益和福利待遇？

2. 随着人们对工作生活平衡的重视，越来越多的员工希望能够获得弹性的工作安排。在这种情况下，如何设计创新的福利计划，以支持员工的弹性工作需求，同时确保组织的运营效率和员工的福利待遇？

3. 随着全球化和跨国公司的增多，员工的多样性和跨文化交流成为人力资源管理的重要挑战。在这种情况下，如何设计创新的保险和福利计划，以满足不同文化背景员工的多样化需求，同时提升员工的满意度和组织的多元化竞争力？

【知识点链接】

交替排序法

人力资源管理的交替排序法是一种用于评估和排序员工绩效的方法。该方法基于员工在特定时间段内的绩效表现，将员工按照绩效水平进行排序，并根据排序结果给予相应的奖励或激励措施。

交替排序法的步骤如下。

（1）确定评估维度：根据组织的目标和需求，确定评估员工绩效的关键维度，如工作成果、工作质量、团队合作等。

第 11 章 保险与福利管理

（2）收集绩效数据：收集员工在特定时间段内的绩效数据，可以通过员工自评、上级评估、同事评估、客户评估等方式获取绩效数据。

（3）绩效评分：根据绩效数据，对员工在每个评估维度上进行评分。常用的评分方法包括等级评分法、百分制评分法等。

（4）员工排序：根据员工的绩效评分，将员工按照绩效水平进行排序，从高到低或从低到高排列。

（5）奖励和激励措施：根据员工的绩效排序结果，对绩效优秀的员工给予相应的奖励和激励措施，如晋升、加薪、奖金等；对绩效较差的员工提供改进和发展的机会。

通过交替排序法，组织可以客观地评估员工的绩效，建立绩效导向的激励机制，提高员工的工作动力和组织的绩效水平。

第 11 章 相关图片

第12章 薪酬管理

薪酬管理是指组织对员工薪资和福利进行规划、设计、执行和监督的过程。其主要内容包括薪资策略和结构、薪资测算和调查、绩效薪酬管理、福利管理以及薪酬沟通和管理，目的是确保薪资与员工贡献相匹配，满足员工需求，提高其绩效和满意度。有效的薪酬管理可以吸引、激励和留住人才，提高组织竞争力，同时要与法律法规和伦理准则相一致，确保公平和透明。

12.1 薪酬管理的概念、主要内容及作用

12.1.1 薪酬管理的概念

在人力资源管理中，薪酬是指组织向员工提供的金钱和非金钱的回报，以补偿他们的工作和贡献。薪酬是员工的一种经济报酬，也是组织对员工价值的认可和回报。

薪酬管理是人力资源管理中的一个重要方面，涉及制定和执行薪酬策略、管理薪酬体系、确定薪酬水平、进行绩效薪酬管理等。其目标是确保员工的薪酬与其贡献和价值相匹配，同时满足员工的经济需求并提供激励动力，以提升组织的绩效和员工的满意度。

12.1.2 薪酬管理的主要内容

薪酬管理的主要内容包括以下几个方面。

（1）薪酬策略和结构：制定组织的薪酬策略和结构，包括薪酬水平、薪酬差异、薪酬调整机制等。薪酬策略应与组织的战略目标相一致，同时考虑市场竞争力和员工的价值贡献。

（2）薪酬测算和调查：进行薪酬测算和市场调查，了解行业和地区的薪酬水平，以确定合理的薪酬范围和水平。薪酬测算可以基于岗位价值、工作内容、技能要求等因素进行。

（3）绩效薪酬管理：将员工的绩效与薪酬挂钩，建立绩效薪酬管理制度。通过设定绩效目标、评估绩效表现、确定绩效奖金或加薪幅度等方式，激励员工提高绩效，同时提供公平和公正的奖励机制。

（4）福利管理：设计和管理员工福利计划，包括社会保险、退休金、带薪休假、员工福利活动等。福利管理旨在提供员工的基本生活保障和福利待遇，提高员工的工作满意度和忠诚度。

（5）薪酬沟通和管理：建立有效的薪酬沟通机制，向员工清晰地传达薪酬政策和制度，解答员工的疑问和关注。同时，进行薪酬管理和监督，确保薪酬的公平性和合规性。

12.1.3 薪酬管理的作用

薪酬管理在组织的人力资源管理中起着重要的作用。以下是薪酬管理的几个主要作用。

（1）吸引和留住人才：薪酬是吸引和留住优秀人才的重要因素之一。适当的薪酬水平和福利待遇可以吸引人才加入组织，并提供激励机制来留住他们。薪酬管理可以帮助组织在竞争激烈的人才市场中保持竞争力。

（2）激励员工提高绩效：薪酬管理可以将员工的绩效与薪酬挂钩，建立绩效薪酬管理制度。通过设定明确的绩效目标、进行绩效评估和提供相应的薪酬奖励，可以激励员工提高绩效和工作动力，从而提高组织的绩效。

（3）提高员工满意度和忠诚度：合理的薪酬水平和福利待遇可以提高员工的满意度和忠诚度。员工感受到公平和公正的薪酬制度能够满足其经济需求，工作得到认可和回报，从而增强其对组织的归属感和忠诚度。

（4）促进组织发展并增强竞争力：薪酬管理可以帮助组织吸引和留住高素质的人才，提高员工的绩效和满意度，从而促进组织的发展并增强竞争力。适当的薪酬管理可以激励员工发挥潜力，提高工作质量和效率，增强组织的竞争力。

（5）维护公平和合规性：薪酬管理需要确保薪酬的公平和合规性。合理的薪酬结构和差异化可以根据员工的贡献和价值进行调整，避免不公平和不合理的薪酬差异。同时，薪酬管理也需要与法律法规和伦理准则相一致，遵守相关的劳动法规和薪酬政策。

薪酬管理在人力资源管理中具有重要的作用，可以吸引和留住人才，激励员工提高绩效，提高员工满意度和忠诚度，促进组织的发展并增强竞争力，维护薪酬的公平和合规性。

12.2 系统综述

12.2.1 系统简介

薪酬管理是指一个组织针对所有职工所提供的服务来确定他们的报酬总额以及报酬结构和报酬形式的一个过程。在这个过程中，人力资源部门就薪酬水平、薪酬体系、薪酬结构以及薪酬构成，对职工薪酬做出决策。同时，还要持续不断地制订薪酬计划，拟定薪酬预算，就薪酬管理问题与职工进行沟通，同时对薪酬管理系统的有效性做出评价而后不断予以完善。

人力资源管理教学系统软件中的薪酬管理系统包含薪酬配置、四舍五入配置、薪酬项目、职位和员工薪酬模板、工资税率配置以及工资提交等环节，功能齐全，结构清晰，能够让学生在很短的时间内了解薪酬管理流程以及如何进行薪酬分析和管理。

12.2.2 实验流程

本章实验主要是为了熟悉薪酬管理的实验流程，依次是发薪时间配置、发薪城市管理、四舍五入配置、薪酬项目添加、职位薪酬模板设置、员工薪酬模板设置、工资税率配置、工资提交等流程，如图 12-1 所示。

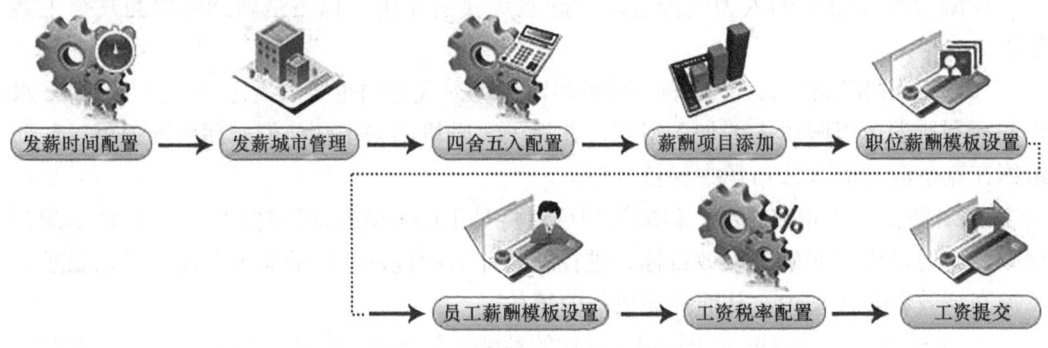

图 12-1　薪酬管理实验流程图

12.2.3　实验目的

（1）理解薪酬结构：使学生了解不同类型的薪酬结构及其构成要素，包括基本工资、奖金、津贴、福利等。

（2）薪酬策略制定：帮助学生掌握制定企业、事业单位薪酬策略的方法，理解如何通过薪酬策略吸引和留住人才。

（3）薪酬预算管理：使学生掌握薪酬预算的编制与管理方法，了解如何在预算范围内合理分配薪酬资源。

（4）了解法律与合规：使学生了解薪酬管理中的法律法规要求，确保薪酬体系的合法性与合规性。

（5）熟悉薪酬管理信息系统：使学生熟悉现代薪酬管理信息系统的使用，了解如何通过信息系统提高薪酬管理的效率与准确性。

12.3　实验指导

12.3.1　实验情景

新安市规划局的薪酬项目包括基本工资、职位工资、绩效工资、住房津贴、加班费、值日津贴等多项。人事部门根据不同员工制定不同的工资，设定固定的日期发放工资。

12.3.2　实验数据

本章实验以"职工教育经费"为例来演示薪酬管理流程，实验数据如表 12-1 所示。

表 12-1　薪酬项目

项目	基本信息
薪酬项目名称	职工教育经费
薪酬类型	其他支付

续表

项目	基本信息
缩写名	JYJF
发薪批次	1
是否自动计算	否
是否使用	是
是否与成本相关	是
计税方式	税前
最大值	10 000
最小值	2 000
四舍五入	0.5→1,0.4→0
表达式	
说明	职工教育经费

12.3.3 实验任务

本章实验任务包括：发薪时间配置；发薪城市管理；四舍五入配置；薪酬项目添加；职位薪酬模板设置；员工薪酬模板设置；工资税率配置；工资提交。

12.3.4 实验步骤

完成任务十，系统自动弹出任务十一的接受窗口，点击【接受】，开始薪酬管理实验，如图12-2所示。

图12-2 薪酬管理任务接受界面

1. 发薪时间配置

根据系统提示，下一步骤为"发薪时间配置"实验。进入人事科员李晓的账户，选择"薪酬管理"板块下的【薪酬配置】，在"发薪时间配置"下设置发薪的频率和时间，如图 12-3 所示。

图 12-3　发薪时间配置界面

2. 发薪城市管理

根据系统提示，下一步骤为"发薪城市管理"实验。选择"薪酬管理"板块下的【薪酬配置】，在"发薪城市管理"状态下设置发薪城市，如图 12-4 所示。

图 12-4　发薪城市管理界面

3. 四舍五入配置

根据系统提示，下一步骤为"四舍五入配置"实验。选择"薪酬管理"板块下的【四舍五入配置】，点击【添加四舍五入】，如图 12-5 所示。设置四舍五入配置的名称和分界点，薪酬计算则自动按照"四舍五入"的方式计算，如图 12-6 所示。

图 12-5　四舍五入配置界面

图 12-6　四舍五入配置添加界面

4. 薪酬项目添加

做好前期准备后，下一步骤为"薪酬项目添加"实验。选择"薪酬管理"板块下的【薪酬项目】，可以查看薪酬项目列表，点击【添加薪酬项目】，如图 12-7 所示。填写薪酬项目的相关内容，如图 12-8 所示。

图 12-7　薪酬项目列表显示界面

图 12-8　薪酬项目添加界面

5. 职位薪酬模板设置

根据系统提示，下一步骤为“职位薪酬模板设置”实验。选择“薪酬管理”板块下的【职位薪酬模板】，点击【添加薪酬模板】，如图 12-9 所示。填写薪酬模板的基本信息，在薪酬项目列表中选择需要的薪酬项目并保存，如图 12-10 所示。

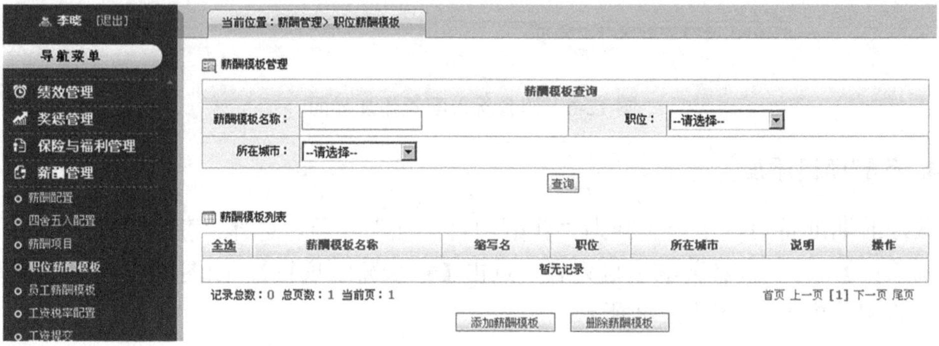

图 12-9　职位薪酬模板管理界面

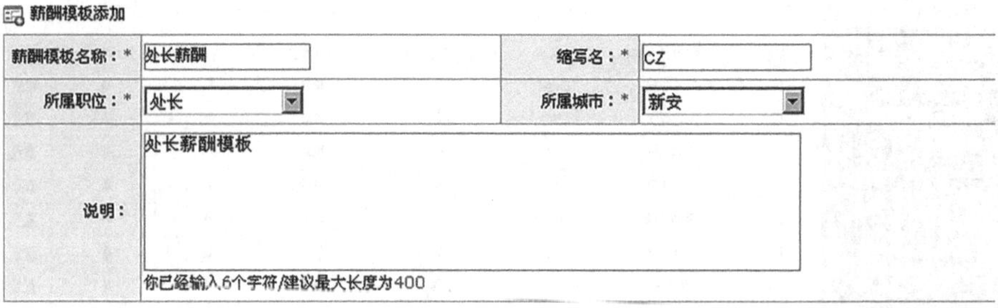

（a）

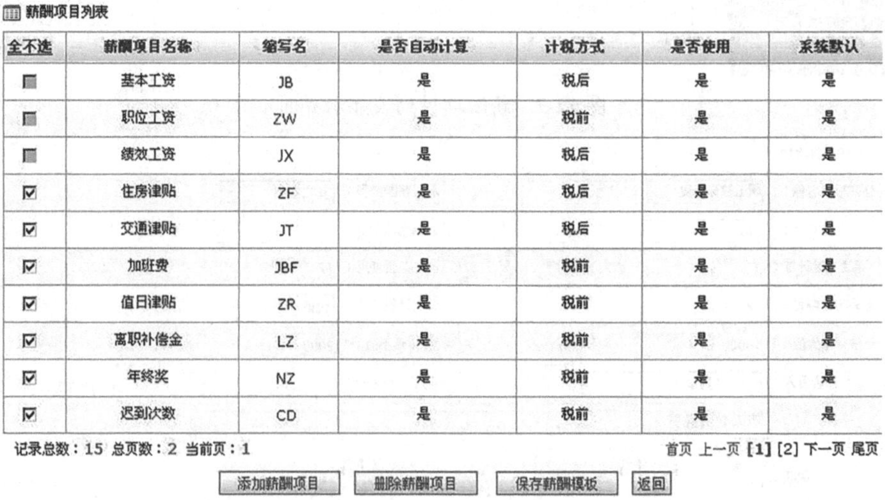
薪酬项目列表

全不选	薪酬项目名称	缩写名	是否自动计算	计税方式	是否使用	系统默认
☐	基本工资	JB	是	税后	是	是
☐	职位工资	ZW	是	税前	是	是
☐	绩效工资	JX	是	税后	是	是
☑	住房津贴	ZF	是	税后	是	是
☑	交通津贴	JT	是	税后	是	是
☑	加班费	JBF	是	税前	是	是
☑	值日津贴	ZR	是	税前	是	是
☑	离职补偿金	LZ	是	税前	是	是
☑	年终奖	NZ	是	税前	是	是
☑	迟到次数	CD	是	税前	是	是

记录总数：15 总页数：2 当前页：1　首页 上一页 [1] [2] 下一页 尾页

添加薪酬项目　删除薪酬项目　保存薪酬模板　返回

（b）

图 12-10　薪酬模板添加界面

6. 员工薪酬模板设置

根据系统提示，下一步骤为"员工薪酬模板设置"实验。选择"薪酬管理"板块下的【员工薪酬模板】，点击【添加员工工资配置】，如图 12-11 所示。选择需要进行工资配置的员工，在薪酬项目列表中选择需要进行配置的项目，点击【保存工资配置】，如图 12-12 所示。

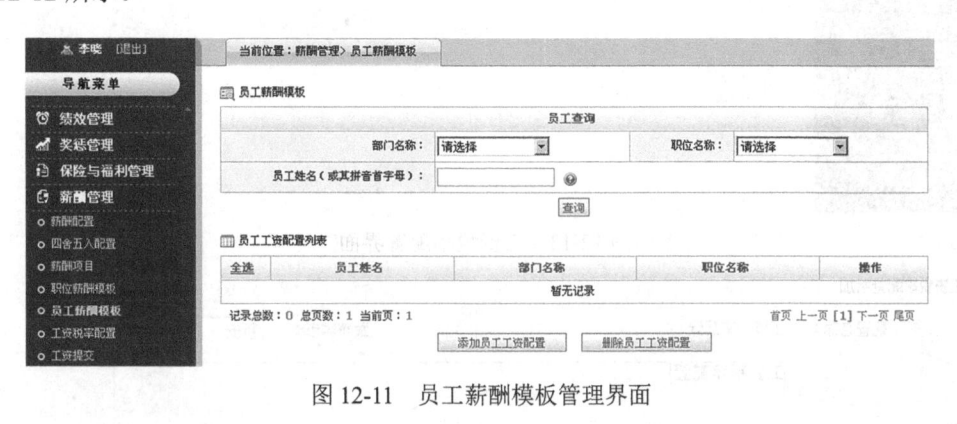

图 12-11 员工薪酬模板管理界面

(a)

(b)

图 12-12 员工工资配置界面

7. 工资税率配置

根据系统提示，下一步骤为"工资税率配置"实验。选择"薪酬管理"板块下的【工资税率配置】，点击【添加工资税率】，如图 12-13 所示。设置配置名称以及发薪城市，如图 12-14 所示。系统中提供了可供选择的配置具体信息列表，可以对其中的一条进行修改，也可再自行添加，如图 12-15 所示。

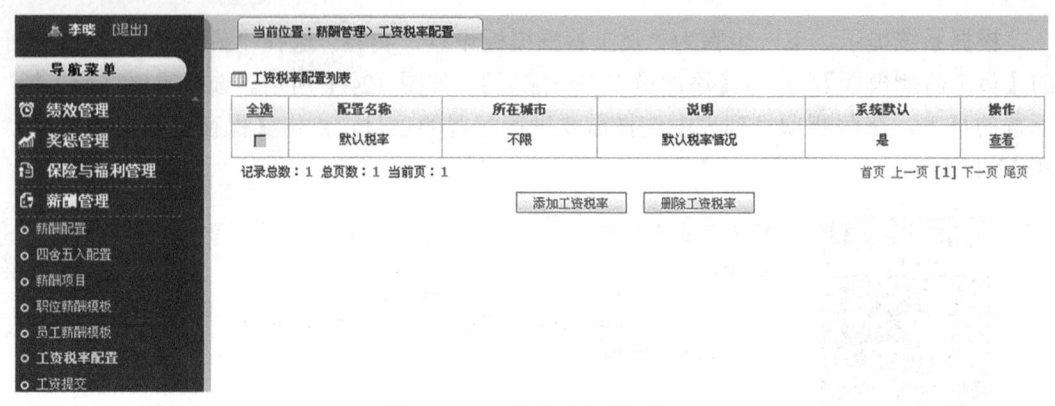

图 12-13　工资税率配置界面

图 12-14　工资税率配置添加界面

全选	下限（元）	上限（元）	税率（%）	速算扣除法（元）	说明	操作
□	0.00	500.00	5.00	0.00	默认	编辑
□	500.00	2000.00	10.00	25.00	默认	编辑
□	2000.00	5000.00	15.00	125.00	默认	编辑
□	5000.00	20000.00	20.00	375.00	默认	编辑
□	20000.00	40000.00	25.00	1375.00	默认	编辑
□	40000.00	60000.00	30.00	3375.00	默认	编辑
□	60000.00	80000.00	35.00	6375.00	默认	编辑
□	80000.00	100000.00	40.00	10375.00	默认	编辑
□	100000.00	--	45.00	15375.00	默认	编辑

图 12-15　工资税率配置具体列表显示界面

8. 工资提交

根据系统提示，下一步骤为"工资提交"实验。选择"薪酬管理"板块下的【工资提交】，可以查看未提交工资列表，如图 12-16 所示，点击员工后面的【提交】，可查看该员工的工资表详情，如图 12-17 所示，最后点击下方的【提交】即可。

图 12-16　工资提交界面

| 养老保险 || 医疗保险 || 工伤保险 || 失业保险 || 生育保险 || 公积金 ||
公司	个人	公司	个人	公司	个人	公司	个人	公司	个人	公司	个人
180.00	120.00	180.00	120.00	15.00	0.00	30.00	15.00	15.00	0.00	17.50	17.50

工资总计

应发工资	纳税比例	纳税额	实发工资
2600.00	5.00%	16.38	2311.12

图 12-17　工资表详情界面

【本章小结】

本章主要介绍了薪酬管理，薪酬管理是组织为所有职工确定报酬总额、结构和形式的过程。人力资源部门在薪酬管理中制定薪酬水平、体系、结构和构成的决策，并持续制订薪酬计划、预算，与职工沟通，评价和完善薪酬管理系统。薪酬管理系统包括薪酬配置、四舍五入配置、薪酬项目模板、职位和员工薪酬模板、工资税率配置以及工资提交等环节。

薪酬管理是组织确定职工报酬的过程，人力部门在此过程中做出决策、制订计划、与职工沟通，并评价和完善薪酬管理系统。通过本章的学习和实验，学生能够深入理解薪酬管理的理论与实践，掌握如何设计、实施和评估有效的薪酬策略，以满足组织和员工的需求。

【思考题】

1. 随着新兴科技的快速发展和智能化的兴起，如何利用人工智能和大数据分析来优化薪酬管理，提高员工的满意度和工作效率？

2. 在当前多元化和包容性的社会环境下，如何设计一个公平、公正的薪酬体系，以确保不同背景和能力的员工都能获得公平的报酬？

3. 随着远程工作的普及，如何调整薪酬策略，以适应灵活的工作模式，并激励员工在远程工作环境下保持高效和创造力？

【知识点链接】

简单排序法

简单排序法（也称为冒泡排序法）是一种基本的排序算法。它的基本思想是比较相邻的两个元素，如果它们的顺序不正确，则交换它们的位置，直到整个序列按照升序（或降序）排列。

简单排序法的具体步骤如下。

（1）从序列的第一个元素开始，依次比较相邻的两个元素。

（2）如果前一个元素大于（或小于）后一个元素，交换它们的位置。

（3）继续向后比较，直到最后一个元素。

（4）重复以上步骤，每次比较的元素减少一个，直到所有元素都按照升序（或降序）排列。

简单排序法是一种简单但效率较低的排序算法，其时间复杂度为 $O(n^2)$，其中 n 是待排序序列的长度。由于其可以被简单地实现和理解，简单排序法常用于教学和小规模数据的排序。但对于大规模数据的排序，更高效的排序算法如快速排序法和归并排序法更为常用。

第 12 章　相关图片

第 13 章　成本中心管理

人力资源管理中的成本中心管理是一种将人力资源部门视为成本中心进行管理的方法，旨在通过有效的成本控制和资源优化，提升人力资源管理的效率和效益，支持企业的整体战略目标。通过制定预算、分析成本结构、制定成本控制措施等，人力资源管理者可以更好地管理和控制成本，提高效率和效益。

13.1　成本的概念及类别

人力资源管理的成本是指组织为了有效管理和发展人力资源而产生的各种费用和支出。这些成本分为以下几个主要类别。

（1）人员成本：包括员工的薪资、福利、奖金、津贴、加班费等直接与员工相关的费用。这是人力资源管理中最直接和显而易见的成本，通常是组织最大的支出之一。

（2）招聘和培训成本：包括招聘新员工所需的广告费用、招聘流程中的面试费用、背景调查费用等。此外，还包括为员工提供培训和开发机会所需的培训费用、培训材料费用、培训师的费用等。

（3）绩效管理成本：包括制定和实施绩效评估体系的成本，如设立绩效指标、进行绩效评估、提供奖励和激励措施的费用等。

（4）离职和人员流动成本：包括员工离职所产生的离职补偿、劳动仲裁费用、新员工招聘和培训的费用等。此外，员工流动也会导致工作岗位空缺需重新招聘的成本。

（5）人力资源信息系统成本：包括购买、实施和维护人力资源信息系统的费用。这些系统用于管理员工的基本信息、薪酬数据、绩效评估结果等。

（6）法律合规成本：包括为了遵守劳动法规和相关法律法规而进行的培训、咨询和法律支持的费用。

人力资源管理的成本是组织为了有效管理和发展人力资源所必须承担的费用，这些成本对于组织的运营和发展至关重要。因此，组织需要合理规划和控制人力资源管理的成本，以确保资源的有效利用和组织的可持续发展。

13.2　成本中心管理的概念、内涵及作用

13.2.1　成本中心管理的概念

成本中心管理是一种企业管理方法，旨在通过对各个部门或单位的成本进行监控、控制和分析，以提高企业的运营效率和盈利能力。其核心在于将企业的各个部门视为独立的成本中心，负责管理和控制其产生的成本，而不是直接产生收入。

13.2.2 成本中心管理的内涵

成本中心管理的内涵包含以下方面。

（1）成本控制：成本中心管理强调对各个部门的成本进行监控和控制。通过设定预算、跟踪实际支出与预算的差异，管理层可以及时发现问题并采取纠正措施。

（2）责任划分：在成本中心管理中，各个部门的负责人对其成本承担一定的责任。这种责任划分有助于提高各部门的成本意识，激励其采取措施降低成本。

（3）绩效评估：成本中心的绩效通常通过成本控制的有效性来评估。管理层会分析各个成本中心的成本与预算的对比，评估其在资源利用和成本管理方面的表现。

（4）决策支持：通过对成本中心的分析，管理层可以获得有关资源分配和投资决策的重要信息，从而做出更为明智的经营决策。

（5）持续改进：成本中心管理鼓励各部门不断寻找降低成本和提高效率的方法，推动企业的持续改进和创新。

（6）沟通与协作：成本中心管理要求各部门之间进行有效的沟通与协作，以便共享成本信息和最佳实践经验，增强团队合作。

（7）风险管理：通过对成本的监控，企业能够识别潜在的财务风险，并采取相应的措施进行预防和控制。

13.2.3 成本中心管理的作用

在人力资源管理中，成本中心管理具有以下几个重要的作用。

（1）成本控制：成本中心管理可以帮助人力资源部门或业务单元更好地控制成本和费用。通过追踪和分析各项人力资源活动的成本来源和用途，人力资源管理者可以识别出成本高的环节，并采取相应的措施控制和降低成本。

（2）预算制定：成本中心管理可以为人力资源部门或业务单元的预算制定提供基础。通过了解各项人力资源活动的成本和费用，可以制定合理的预算，并根据预算进行资源分配和管理。

（3）绩效评估和激励：成本中心管理可以为人力资源部门或业务单元的绩效评估和激励提供基础。通过对成本中心的成本和效益进行评估，组织可以更准确地评估人力资源部门或业务单元的绩效，并根据绩效结果进行激励和奖励。

（4）决策支持：成本中心管理提供了更准确的成本和费用数据，为组织的决策提供支持。通过了解各项人力资源活动的成本结构和效益，组织可以做出更明智的决策，优化资源配置和业务发展。

（5）经营效率提升：成本中心管理可以帮助人力资源部门或业务单元提高经营效率。通过分析和优化各项人力资源活动的成本和效益，可以识别出低效的环节，并采取措施进行改进和提升效率。

通过成本中心管理，人力资源部门或业务单元可以更准确地追踪和分析各项成本和费用的来源与用途，有助于人力资源管理者了解人力资源活动的实际成本，并为决策提供准确的数据支持。

13.3 系 统 综 述

13.3.1 系统简介

人力资源管理教学系统软件中的成本中心管理系统包括工资发放、员工工资变迁、工资成本汇总、培训费用审批、培训费用汇总、招聘费用审批、招聘费用汇总、人力资源规划结算等环节，统计费用和发放工资的支出情况，从而通过汇总情况可以了解企业或部门的经济状况，为企业或部门提供决策支持，有助于企业优化成本结构和提高竞争力。

13.3.2 实验流程

本章实验主要是为了熟悉成本中心管理的实验流程，实验依次为工资发放、员工工资变迁、工资成本汇总、培训费用审批、培训费用汇总、招聘费用审批、招聘费用汇总、人力资源规划结算等，如图 13-1 所示。

图 13-1 成本中心管理实验流程图

13.3.3 实验目的

（1）理解成本中心管理的概念：通过实验，使学生深入理解成本中心管理的定义和其在企业管理中的作用，特别是在人力资源管理中的应用。

（2）掌握成本控制方法：让学生学习并掌握各种成本控制方法和工具，如预算管理、成本分析和绩效评估等。

（3）提高实际操作能力：通过模拟实际企业环境中的人力资源成本管理情景，提升学生在真实工作环境中应用所学知识的能力。

13.4 实验指导

13.4.1 实验情景

工资提交之后，需要对工资进行发放，并对培训费用和招聘费用进行管理，以及人力资源规划进行结算。

13.4.2 实验任务

本章实验任务包括：工资发放；员工工资变迁；工资成本汇总；培训费用审批；培训费用汇总；招聘费用审批；招聘费用汇总；人力资源规划结算。

13.4.3 实验步骤

完成任务十一之后，系统会自动弹出任务十二的接受窗口，点击【接受】，开始成本中心管理实验，如图 13-2 所示。

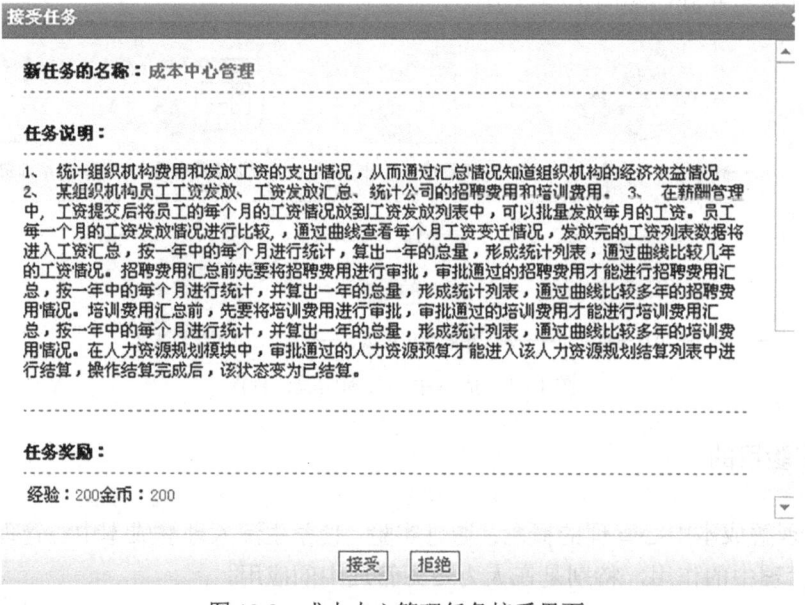

图 13-2 成本中心管理任务接受界面

1. 工资发放

根据系统提示，下一步骤为"工资发放"实验。选择"成本中心管理"板块下的【工资成本管理】。选中工资列表，点击【发放】，完成工资的发放实验，如图 13-3 所示。

第 13 章　成本中心管理

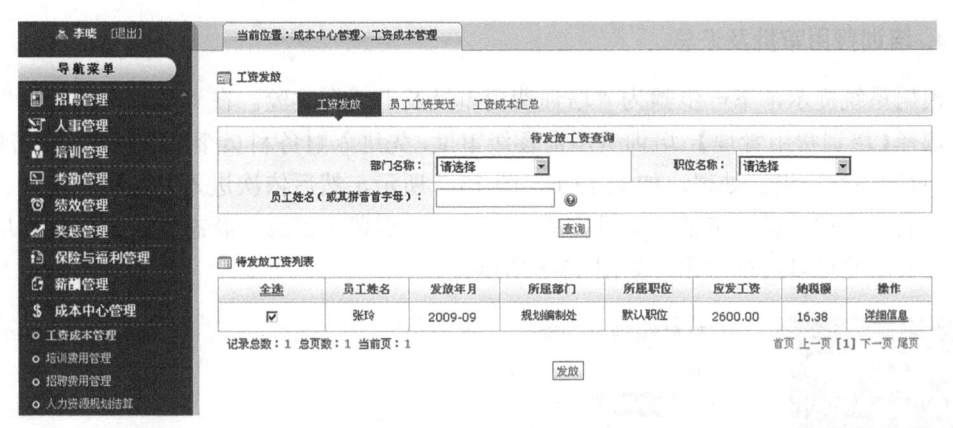

图 13-3　工资发放界面

2. 员工工资变迁

根据系统提示，下一步骤为"员工工资变迁"实验。在"员工工资变迁"状态下，选中员工列表，点击【比较】，即可查看员工工资变迁的情况，如图 13-4 所示。

图 13-4　员工工资变迁界面

3. 工资成本汇总

根据系统提示，下一步骤为"工资成本汇总"实验。在"工资成本汇总"状态下，可以查看年度工资成本列表，并且可以进行对比，如图 13-5 所示。

图 13-5　工资成本汇总界面

4. 培训费用审批及汇总

根据系统提示，下一步骤为"培训费用审批及汇总"实验。在"成本中心管理"板块下选择【培训费用管理】，培训费用需逐级审批，先进入财务科员李晓的账户，点击【审批】，对培训费用进行处理，如图13-6、图13-7所示，然后依次进入财务科长吴兵、处长王军的账户逐一进行审批。审批完成后，在"培训费用汇总"状态下，可以查看培训费用列表，并可以进行对比，如图13-8所示。

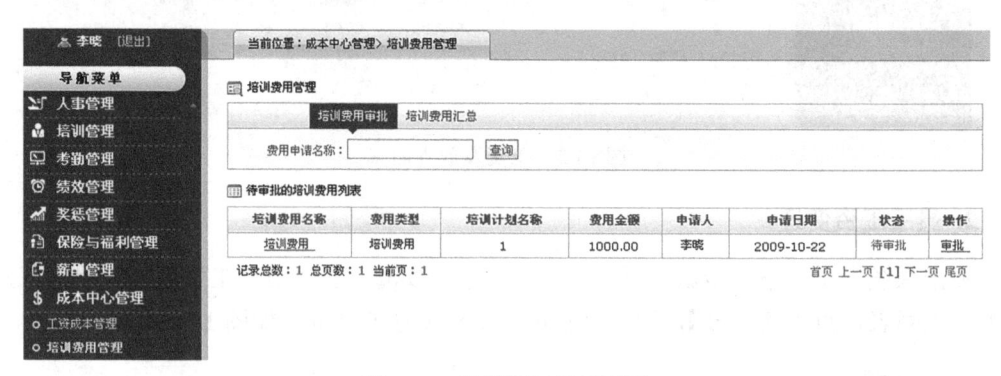

图13-6 培训费用管理界面

图13-7 培训费用审批界面

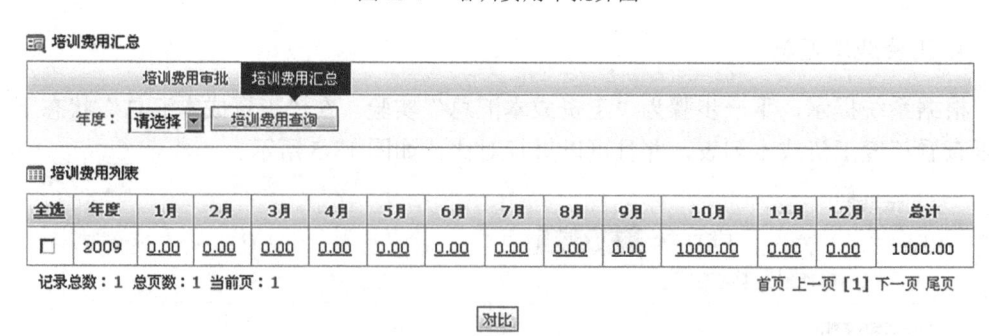

图13-8 培训费用汇总界面

根据系统提示，下一步骤为"招聘费用审批及汇总"实验。该操作同培训费用审批及汇总一样，先进行审批，然后汇总，不再演示。

5. 人力资源规划结算

根据系统提示,下一步骤为"人力资源规划结算"实验。选择"成本中心管理"板块下的【人力资源规划结算】,点击操作下的【结算】,如图 13-9 所示。填写结算基本信息,点击【确定】完成实验,如图 13-10 所示。

图 13-9　人力资源规划结算界面

图 13-10　结算基本信息填写界面

【本章小结】

本章主要介绍了人力资源管理教学系统软件中的成本中心管理系统。该系统包括工资发放、员工工资变迁、工资成本汇总、培训费用审批、培训费用汇总、招聘费用审批、招聘费用汇总、人力资源规划结算等环节。通过这些环节,可以统计部门的费用支出情况,特别是工资支出、招聘费用和培训费用。

通过本章的学习和实验,学生可以更好地了解和掌握成本中心管理系统的使用方法,进一步了解成本的内在构造,这对于提高人力资源管理的效率和质量具有重要意义。

【思考题】

1. 随着数字化时代的到来,人力资源管理中的成本中心管理如何适应和应对技术创新的挑战?请列举几个创新的方法或工具,并说明其对成本控制和效率提升的影响。

2. 在当前全球经济不稳定的环境下,如何通过成本中心管理来应对不确定性和风险？请提出一种创新的方法或策略，以确保人力资源管理在紧缩预算的情况下仍能有效地支持组织的业务发展。

3. 在追求可持续发展的背景下，如何通过成本中心管理来推动人力资源的绿色化和环境可持续性？请提出一种创新的方法或措施，以降低人力资源管理活动对环境的影响，并提升员工的环保意识，促进其行为改变。

【知识点链接】

成本控制和预算管理

成本控制是指通过管理和监控组织内部的各种成本，以确保其在可接受范围内，并与组织的战略目标相一致。成本控制的目的是降低成本、提高效率和盈利能力，同时确保组织的财务稳定性。

预算管理是一种规划和控制工具，用于管理和分配组织的资源，包括资金、人力和物资等。预算编制是根据组织的战略目标和经营计划，制订出一个特定时期内的收入和支出计划。预算管理可以帮助组织合理分配资源、控制成本、评估绩效，并为决策提供参考依据。

成本控制和预算管理密切相关。成本控制是通过管理和控制成本，确保预算的执行和控制。预算管理则是通过制定和执行预算，实现成本控制的目标。成本控制和预算管理的目的都是提高组织的效率和盈利能力，保持财务稳定性，并支持组织的长期发展。

第 13 章　相关图片

第14章 我的工作

人力资源管理中的"我的工作"指的是人力资源专业人员在组织中的职责和任务。这包括招聘和选拔、培训和发展、绩效管理、薪酬和福利、劳动关系和员工关系、人力资源政策和程序以及数据分析和报告等方面的工作。具体的工作内容可能因组织和职位不同而有所不同。

14.1 我的工作的概念及内容

14.1.1 我的工作的概念

在人力资源管理中,"我的工作"是指人力资源专业人员在组织中承担的职责和任务。包含但不限于招聘和选拔、培训和发展、绩效管理、薪酬和福利、劳动关系和员工关系、人力资源政策和程序以及数据分析和报告。

14.1.2 我的工作的内容

在人力资源管理中,"我的工作"这些职责和任务内容包括但不限于以下几个方面。

(1)招聘和选拔方面,人力资源专业人员负责制定和执行招聘策略,发布招聘广告,筛选简历,面试候选人,进行背景调查,并最终选择合适的人才加入组织。

(2)培训和发展方面,人力资源专业人员制订和实施培训计划,为员工提供必要的培训和发展机会,以提升其技能和能力,促进个人和组织的成长。

(3)绩效管理方面,人力资源专业人员协助制定和执行绩效管理制度,包括设定目标、制定绩效评估标准、进行绩效评估和提供反馈,以确保员工的工作表现与组织目标相一致。

(4)薪酬和福利方面,人力资源专业人员负责制定和管理薪酬体系,包括薪资结构、绩效奖金、福利计划等,以吸引和留住优秀员工,并保持组织的竞争力。

(5)劳动关系和员工关系方面,人力资源专业人员处理员工的劳动关系问题,包括与工会的谈判和协商,处理员工投诉和纠纷,维护良好的员工关系,确保组织内部的和谐与稳定。

(6)人力资源政策和程序方面,人力资源专业人员制定和更新人力资源政策和程序,确保组织的人力资源管理符合法律法规和最佳实践,保护员工权益,维护组织声誉。

(7)数据分析和报告方面,人力资源专业人员收集和分析员工数据,制作人力资源相关的报告和统计数据,为组织的决策提供支持和建议。

人力资源专业人员在上述方面的工作职责和任务可能因组织和职位不同而有所不同。

14.2 系 统 综 述

14.2.1 系统简介

人力资源管理教学系统软件中的"我的工作"包括安排任务、提交任务、审批任务、公告查看、系统消息、发送消息以及接收消息等环节。学生通过完成本章实验，能够学习到组织内部是如何进行沟通的。

14.2.2 实验流程

人力资源管理中"我的工作"实验流程包括安排任务、提交任务、审批任务、公告查看、系统消息、发送消息、接收消息等，具体实验流程如图 14-1 所示。

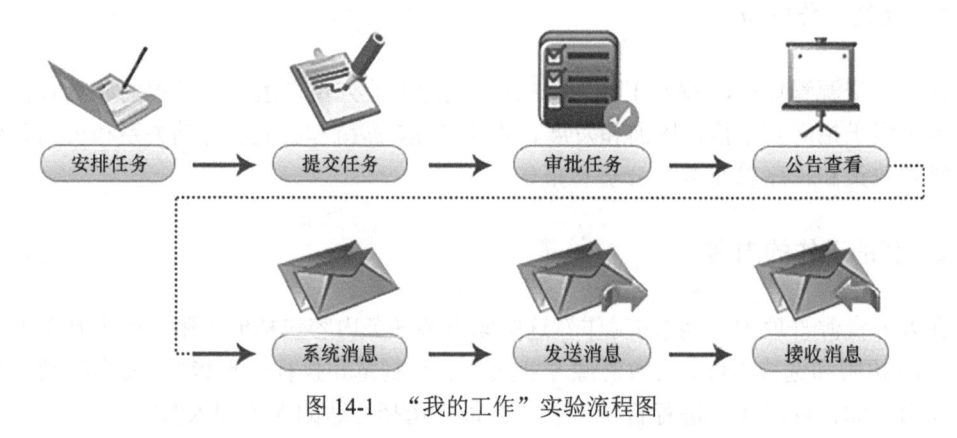

图 14-1 "我的工作"实验流程图

14.2.3 实验目的

（1）工作认知与理解：帮助学生明确自己的工作职责和工作目标，了解职位的基本内容和要求，提升学生对不同岗位和工作性质的全面认知，理解工作在组织中的定位和重要性。

（2）实际操作体验：让学生通过角色扮演或模拟实际岗位操作，体验实际工作中的流程和职责，增强实践感受，增强对实务工作的直观理解，培养其动手能力和解决实际问题的能力。

（3）技能应用与提升：在真实或模拟的工作环境中进行任务安排，锻炼学生的基本职业技能，提升学生在具体工作情景下的操作能力和应对能力。

（4）职业态度培养：增强学生对工作的责任感，培养其职业素养和职业道德，帮助学生树立正确的职业观念和态度，培养其敬业精神和团队合作意识。

14.3 实验指导

14.3.1 实验情景

人事人员进行工作任务的安排，组织内部进行工作上的沟通。

14.3.2 实验任务

本章实验任务包括：安排任务；提交任务；审批任务；公告查看；系统消息；发送消息；接收消息。

14.3.3 实验步骤

完成任务十三，系统自动弹出任务十四的接受窗口，点击【接受】，开始"我的工作"实验，如图 14-2 所示。

图 14-2 我的工作任务接受界面

1. 安排任务

根据系统提示，下一步骤为"安排任务"实验。选中"我的工作"板块下的【任务管理】，点击【添加任务】开始实验，如图 14-3 所示，填写任务内容，如图 14-4 所示。

2. 提交任务

根据系统提示，下一步骤为"提交任务"实验。由于刚刚添加的任务，任务对象选择的是张玲，进入普通科长王海的账户，选择"我的工作"板块下的【任务管理】，在"我的任务"状态下点击【提交】，完成任务提交实验，如图 14-5 所示。

图 14-3　任务管理界面

图 14-4　任务添加界面

图 14-5　任务提交界面

3. 审批任务

根据系统提示，下一步骤为"审批任务"实验。进入人事科员李晓的账户，对任务进行审批，如图 14-6 所示。

图 14-6　任务审批界面

4. 公告查看

根据系统提示，下一步骤为"公告查看"实验。在"我的工作"板块下选择【公告管理】，能够看到公告列表，如图 14-7 所示。

图 14-7 公告查看界面

5. 系统消息

根据系统提示，下一步骤为"系统消息"实验。选择"我的工作"板块下的【消息管理】。在"系统消息"状态下，可以看到系统消息列表，如图 14-8 所示。

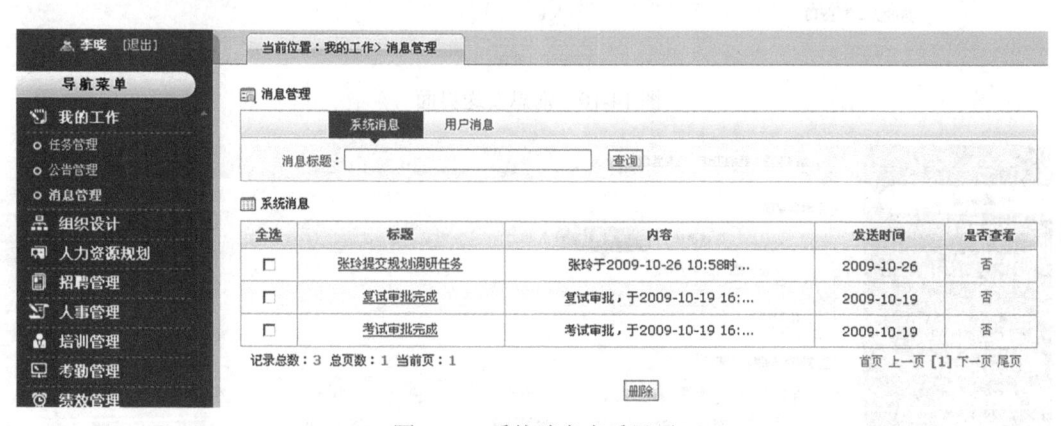

图 14-8 系统消息查看界面

6. 发送消息

根据系统提示，下一步骤为"发送消息"实验。选择"我的工作"板块下的【消息管理】。在"用户消息"状态下点击【发送新消息】，如图 14-9 所示，编写消息，选择消息接收人，如图 14-10 所示。

7. 接收消息

根据系统提示，下一步骤为"接收消息"实验。进入普通科长王海的账户，查看该消息，如图 14-11 所示。

图 14-9　用户消息界面

图 14-10　消息发送界面

图 14-11　查看接收消息界面

【本章小结】

本章主要介绍了人力资源管理教学系统软件中的"我的工作"板块包括任务安排、提交、审批，以及公告查看、系统消息、发送和接收消息等功能。通过完成这部分实验，学生能够深入了解组织内部的沟通方式。

该板块的主要内容是人事人员安排、接收、提交和审批任务，旨在实现组织内部的良好沟通。通过本章的学习和实验，学生将掌握组织内部沟通的重要技能，为未来的职业发展打下坚实的基础。

【思考题】

1. 随着远程工作和灵活工作的兴起，如何利用互联网有效地管理任务和沟通工作？

2. 随着组织变得越来越多元化和具有包容性，如何适应不同的沟通风格和偏好，确保团队成员之间的有效协作和理解？

3. 在人工智能和自动化的时代，如何简化任务分配、提交和审批流程，提高工作场所的工作效率和生产力？

【知识点链接】

HR

HR（human resources）即人力资源，是指负责管理和发展人力资源的部门或职能。HR 的工作内容包括招聘和雇佣、培训和发展、薪酬和福利管理、绩效管理、员工关系管理、劳动法和合规性遵守、组织发展和变革管理、员工福利和员工满意度调查等。在人力资源管理中，HR 的角色是组织与员工之间的桥梁和支持者，负责人才管理、企业文化和价值观塑造、员工关系管理、绩效管理、法律合规性确保、员工发展和变革管理等方面。HR 的主要作用是确保组织的成功和员工的满意度。

第 14 章　相关图片

第 15 章 国际人力资源管理

15.1 国际人力资源管理的特点和挑战

国际人力资源管理的特点在于需要进行跨文化管理，包括应对不同国家和文化之间的差异，如语言、价值观、习俗等。国际公司通常拥有来自不同国家和背景的员工，因此需要管理多样化的团队。国际人力资源管理也需要遵守不同国家的劳动法和相关法规，包括雇佣合同、薪酬标准等。国际公司的员工是在不同的国家进行招聘和培训的，因此人力资源管理部门的人员要具备跨文化管理的能力。文化差异可能导致沟通障碍和冲突，需要有效处理。同时，遵守不同国家的法律和法规需要花费大量的时间和精力。此外，不同国家的员工可能使用不同的语言，这也需要解决语言障碍。跨国招聘和培训需要考虑到不同文化和教育背景的员工，需要制订适合不同文化的培训计划。

15.1.1 国际人力资源管理的特点

第二次世界大战以来，从西方企业对人员使用的分析中可以发现这样一种变化趋势：1915—1955 年，第二次世界大战导致商品极度匮乏，企业需要提高生产力和产品设计的创新能力，因此高层主管多从设计和生产人员中选拔；1956—1965 年，随着卖方市场转变为买方市场，消费者的选择增多，企业需要在竞争中脱颖而出，因此高层主管多从营销人员中选拔；1966—1975 年，合资经营和跨国经营的兴起使得公司财务管理变得更加复杂，因此企业倾向于从财务主管中选拔高层主管；1976—1979 年，市场竞争加剧，人才成为企业竞争的关键因素，企业开始重视人力资源管理，因此高层主管的选拔逐渐转向人力资源主管；20 世纪 80 年代以来，由于劳动力市场供求不平衡和企业内部结构的变化，员工流失率高成为一个重要问题。由于对员工素质的要求越来越高，再加上企业之间的竞争趋于白热化，西方企业逐渐把人力资源管理上升到了战略管理的层次。特别是进入到 20 世纪 90 年代后，国际企业的人力资源管理有了比以往更为彻底的改变。

全球化趋势下的人力资源管理出现了许多新的特点，并且越来越为企业家与管理学者所关注。比如，全球化的发展所带来的国际竞争的日益加剧和相互依存程度提高的二律背反现象，信息通信技术的迅速发展和普及引起的组织变化和人际交往的变化，更加凸显的国际安全问题和人类健康问题所引发的人类对于自身需要的深度反思和对管理的不确定性的重新思考，以及企业管理和人力资源管理过程中对于许多具体问题的困惑与探索，特别是诸如技术与文化、效率与公平、管理国际化、核心竞争力、关键人才资源管理、知识员工管理、流程再造、战略、创新、速度和加速度等问题，都是关乎企业与员工的生存与发展的重要课题。国际管理学家普遍认为，现在的人力资源管理，已经进入了全球化和知识化的管理新阶段，具体表现为以下四个基本特征。

1. 人力资源管理的地位定位于战略性的高度

目前国际企业为了让人力资源管理为企业发展、企业变革服务，都很注重将人力资源管理的诸要素率先建立在由企业管理共同确立的、符合企业内外各方面利益的、得到企业全体员工一致认同的企业发展战略目标以及企业远景规划的基础上。同时，基本上实现了招聘录用、报酬分配以及人力资源开发这三个人力资源管理主要组成部分之间的一体化。与传统的人事管理比较，人力资源管理更具有战略性，人力资源成为企业的一种资产。美国知名学者托马斯·彼得斯认为，企业或事业唯一真正的资源是人，管理就是充分开发人力资源以做好工作。在美国，企业公司的人事副总裁已成为决策班子中举足轻重的成员，这说明了美国企业对人才和人力资源管理的重视。随着知识经济向广度、深度发展，企业对高素质知识工人的需求将更加迫切，企业之间为争夺人才的竞争将更加激烈，人力资源管理对于企业经营活动的重要贡献得到了普遍的承认。人力资源管理战略是决定跨国公司经营绩效的关键因素，许多跨国公司的管理者意识到了构建优秀卓越的本土化管理团队对子公司的经营成效所发挥的关键作用，强调国际人力资源管理要具备专业视野，企业人力资源部门经理的工作重点从一般行政事务转向企业的战略制定和落实，人力资源管理部门也逐渐从战略的"反应者"转变为战略的"制定者"和"执行者"。

2. 人力资源管理的目标注重员工的个人成长

资本主义初期，企业把员工视为受雇人，采取比较残酷的手段管理员工；19世纪末20世纪初，西方企业把员工看作"经济人"，采取经济手段管理员工；20世纪30年代，西方企业把员工视为"社会人"，采用行为科学管理员工；1958年，西蒙和马奇提出了"决策人"的假设，提倡分权，于是企业纷纷给予员工一定的决策权。随着人们当今生活水平的普遍提高，人们不再仅仅满足于生理、安全、社交、尊重等基本需要得到满足，而是去努力追求自我实现的需要。同时，从事跨国经营活动的管理人员，由于其所处经营环境和管理环境的特殊性，因此要求他们具备较高的综合素质和工作能力。因此，国际企业将员工个人成长视为管理工作的核心和动力、企业在日趋激烈的市场竞争中立于不败之地的决定性保证。例如，摩托罗拉认为公司最宝贵的资源就是人才，并提出"摩托罗拉是一个向员工提供均等发展机会的公司"，这句话已经深深地融入了摩托罗拉的文化，并成为其人力资源管理的一条始终不渝的准则。

3. 人力资源管理的开发手段呈现多样化发展

技术人才和国际管理人才成为国际人力资源管理的中心，专业化和制度化加上注重市场调节的人力资源管理，使国际企业在进行员工管理时，采用的是理性的制度、规范、条例和准则，重视生产经营目标、组织结构和规章制度，注重以严密的组织结构和严格的规章制度对员工行为进行规范，强调注重员工的个人表现，不搞论资排辈，员工在垂直的上下职位中流动性大。因此，随着公司组织结构扁平化的发展以及人们价值观的改变，越来越多的国际企业管理人员的事业发展目标已经不再局限于传统的职位晋升。此外，随着全球化经济的发展、组织运营范围的不断扩张，组织的外部环境要求组织打造一支具有多元化特征的员工队伍，以求得在竞争中获取更大的优势，国际企业进行人力资源管理的手段也呈现出多样化的发展趋势。比如，通过引入建设性的人力资源管理机制，给予企业员工合理的晋升空间，让员工感受到企业对人才的尊重，不断地使员工的工作更富有挑战性。另外，企业会根据东道国人才的自身特点以及当地的风土人情，完善对本土人才的相关培训及激励机制，通过对本土的人力资源进行组合和开发，实现人力资源在全球范围内的优化组合。

4. 人力资源管理特别注重企业文化和团队建设

知名的国际企业都非常注重企业文化，把企业文化视为公司的宝贵资产。美国哈佛商学院的两位著名教授，约翰·P.科特（John P. Kotter）和詹姆斯·L.赫斯克特（James L. Heskett）的经典著作《企业文化与经营业绩》指出，企业文化在当今已经成为决定企业兴衰的关键因素，企业应当通过与员工的真诚合作来增加公司的价值，创造员工在企业发展的机会，努力培养员工对企业的归属意识，把个人的发展与企业的命运紧密地联系在一起。第二次世界大战后，美国企业[如IBM公司（International Business Machines Corporation，国际商业机器公司）]的企业形象设计和日本企业的理念设计等都使企业文化的地位日益重要。此外，国际人力资源管理对象较为复杂，既包括本国人员，还包括企业中的东道国和第三国人员。工作满意度和组织承诺是离职意向的强有力决定因素，国际人力资源部门会为员工提供基本生活保障，维护好员工的各项权益，更加关注员工的生活，并尽可能为员工的生活提供帮助，实现员工工作和个人生活之间的平衡。

15.1.2 国际人力资源管理的挑战

进入21世纪以来，经济全球化迅猛发展。经济全球化以现代信息通信技术为基础，改变了人与人、国与国之间相互交往的传统模式，造成了"距离消失"和"时空压缩"。距离的消失意味着人对人的联系、人对人的服务、人对人的管理发生变化，同时也意味着竞争更加激烈。可以说，全球化时代将使"国际竞争国内化，国内竞争国际化"。随着企业跨国经营的发展，海外产品市场逐渐进入成熟期，市场竞争的加剧要求企业将生产转移到要素价格更加低廉的国家，出于成本控制的目的，企业将逐渐减少驻外人员，而尽量多地使用东道国人员。同时，跨国公司为经营海外子公司也会外派人员进驻当地子公司进行管理。由于跨国公司的劳动力分散在不同的国家中，母公司有自己的文化背景，而下属的员工也具有不同的价值观、信念、工作态度以及工作方式，这些都是对于国际人力资源管理的挑战，可能使得公司缺乏团队凝聚力和员工流失。

1. 企业文化差异对于国际人力资源管理的挑战

由于国际企业经营业务内容与要求、公司经营理念与内部管理文化的差异性，不同企业在国际人力资源管理方面会有不同的标准与实践。例如，在以盎格鲁–撒克逊文化为基础的国际企业，如美国和英国的企业中，一般甄选标准是职务申请人的能力、以往工作经验及以往职业生涯的成功纪录，因此它们常常使用智力测验、能力测试和评价中心等标准化选择方法，招聘与甄选国际管理者。而在日耳曼文化中，国际企业更多强调的是学历，如职务申请人是哪个学校毕业的。如果一个职务申请人是名牌大学学历，那么他就会比那些没有名牌大学学历的人具有优势。在以东亚文化为基础的韩国与日本的国际企业中，学历也是非常重要的标准。例如，获得东京大学学历的人，在同等情况下，就会比没有这种学历的人要具有明显优势。跨国公司在管理的过程中，由于内部人员来自不同国家与种族，以及经济、历史与文化等多方面的原因，很可能会因为其中某些员工的种族优越感而产生文化冲突。

2. 跨文化对于国际人力资源管理的挑战

截至 2023 年，全球共有接近 200 个主权国家，由于经济基础和上层建筑的不同，满足人们基本需求的形式和方法也不同，因而也造成了文化的千差万别，这决定了国际企业管理必须充分考虑文化差异和多元文化对国际企业的作用和影响。跨文化管理是国际企业的核心特征之一。在全球化背景下，国际企业在不同的地区运营时，必然会面临文化差异，甚至文化冲突。由于文化的演变是一个长期的过程，文化对管理的影响也是深远且全面的。因此，文化差异将长期存在并保持稳定，这种客观存在可能导致文化冲突，甚至引发员工的文化休克。跨文化因素会对国际企业的管理成本、资源配置、系统决策、人际关系、组织沟通和激励等方面产生重大影响。跨文化管理的目标是提升在多元文化背景下的工作绩效，以国际企业为载体，涵盖多种异质文化背景。因此，跨文化管理已成为全球化视野中管理学界关注的焦点，也是实践中亟待解决的问题。

企业员工在时间观念、劳动习惯、性别角色、心理期望、遵从态度、工作目的等诸多方面都存在较大差异。以工作目的为例，不同文化对工作目的有不同的理解。有的文化把工作视为一种谋生手段，有的文化将其视为苦差事和惩罚，有的将其视为对上帝的责任等。管理者只有在深刻地理解员工的工作目的之后，才能知道员工为什么工作以及工作的努力程度。同样，尽管很多管理者都试图通过建立种种激励机制以调动所有员工的工作积极性，但仅此还远远不够。因为在跨文化条件下，管理者不仅应懂得满足员工需求对激励员工的重要性，还应该知道员工的特殊需求是什么，以及怎样去满足他们的特殊需求。文化差异还影响到国际企业人力资源管理导向的偏好，如日本公司倾向采取民族中心导向，更多地利用外派人员管理国外的经营活动；美国公司倾向多中心导向，更愿意使用当地人员；欧洲公司则处于两者之间。此外，国际企业各子公司文化的混合以及这些子公司之间文化差异的程度也会对人力资源管理方式的选择起到限制性作用。随着跨国经营中子公司数量的增加以及由此引起的文化差异的增加，国际企业越来越难以在所有的业务单位中采取整齐划一的人力资源管理政策。

3. 国家背景差异对于国际人力资源管理的挑战

国家文化与由社会制度产生的法律制度相结合，共同影响商业环境，国家背景又决定着一国的绝大多数公司所遵循的人力资源管理方式与政策。法律风险常常会给企业造成严重的损失,它也是人力资源管理中最严重的风险。无论是在哪个国家开展项目,母国企业在对海外招聘的员工进行人力资源管理时都会在一定程度上受到东道国实际营商环境的影响。一个安稳的营商环境是海外项目稳定发展的关键。东道国的法律法规以及政府政策必定会约束母国海外项目的发展,由于不同国家拥有不同的法律法规及政策,与海外项目相关的经营政策是否达到了比较完善的程度直接反映了东道国与母国在法律体系上的差别以及不同社会主体所发挥的具体作用,这也进一步体现出法律政策对海外项目的影响。因此,跨国人力资源管理风险主要表现在东道国的政局与法律法规及政策的完善程度等方面,它们都会影响人力资源管理质量,影响企业正常经营和长远发展,甚至还会给企业带来巨大的经济波动。同时,劳资双方的历史关系以及工会的法律地位和力量,对于国际人力资源管理实践有着深远的影响。例如,在某些国家,历史上长期存在着劳资双方的冲突。然而劳资冲突因国家背景不同而存在着巨大的差别。此外,工会在工人中的覆盖面也因国家背景不同而不同。这些差异性在某种程度上,都是由不同国家的不同文化与商务实践的特征决定的。国际人力资源管理部门需要认真研究不同国家的文化特征及人力资源管理的特点,才能够为有效的跨文化人力资源管理提供基本依据。

4. 语言差异对于国际人力资源管理的挑战

语言的核心不仅仅是文字,它还影响着我们的思想、态度和观念,塑造了我们对世界的理解,同样一个字面意思的话,在不同文化背景下却有不同的含义。人类学家爱德华·霍尔(Edward Hall)于1976年提出了在世界不同语言中存在暗示或明示的区别,即分为低情境文化与高情境文化。低情境文化的大部分信息包含在话语之中,即语言可以传达信息发送者真正想要表达的意思,帮助接收者理解正确清晰的信息,其沟通比较直接有效,以盎格鲁–撒克逊与日耳曼民族为代表,这些国家包括美国、加拿大、英国和德国。例如,当一个德国经理说"是",那就意味着肯定。另外,大多数西方文化也明确肯定了直接沟通的价值。而高情境文化的人们对话语背后所隐含的意义的重视更甚于口头上的表达,情感上的表达间接而含蓄,注重人际关系的发展。其信息的传递与沟通是通过肢体语言、上下文传递和场景等进行的,一般取决于接收者对信息的理解。这些国家包括中国、日本与阿拉伯国家。更有趣的是,男人和女人之间也存在着低情境文化与高情境文化沟通的问题。一般来说,男人讲话较为直接,而女人则在沟通中常以间接的方式表达。语言渗透在国际人力资源管理的方方面面,有时可能会由于语言或非语言的沟通误解而产生冲突。例如,手势与肢体动作在各地方的认知上是不同的,因而可能导致文化冲突。

15.2 跨文化管理与国际人才招聘

在数千年的人类文明历史中,国际运营和国际人力资源管理早已出现。根据研究,亚述人的贸易组织早在公元前2000年就已成立,并具有许多现代跨国公司(multinational company,MNC)的模型:总部和下属机构,清晰的层次结构,有外国员工,重视增值的活动价值链,在每个地区探索新的资源、新的市场。19世纪70年代资本主义文明的历史展示了国际人力资源管理的历史；20世纪80年代以来，国际市场经济加速发展，信息技术不断更新，经济全球化不断深化，为世界各地的贸易交流提供了前所未有的机遇。

在这种情况下，资本、技术、人力资源和其他资源在世界各地高速流动。在扩大跨国公司发展规模的同时，也给人力资源管理带来了一系列新的问题和新的挑战。与一般人力资源相比，国际人力资源具有一定的特殊性。其中，国家和地区的社会制度、习俗、语言文化、经济发展水平存在巨大差异，文化冲突问题在国际人力资源管理过程中尤为突出。只有充分了解相互之间的差异，采取有效的应对策略，才能提高跨国公司的人力资源管理水平，使其在最短的时间内适应国际竞争环境，最终实现在国际市场上的健康稳定发展。

15.2.1 跨文化沟通与适应

不同国家或地区之间的文化差异越大，跨文化交流的挑战就越大，文化冲突也就越容易产生。因此，在跨文化沟通的发展过程中，应加强对企业的研究和分析，详细了解员工的文化背景差异，逐步提高员工的跨文化适应性，制定合理的人力资源管理策略，从而提高管理的实际效果，促进自身市场竞争力的整体提升。

1. 文化冲突与文化融合

1）文化冲突的概念

文化冲突是指不同类型的文化在发展过程中由不同功能和价值观的差异而发生的碰撞、冲突或融合的现象。从更具体的角度来看，文化冲突可以指其他国家与东道国的不同文化概念之间的冲突，或由于员工属于具有不同文化背景的国家而造成的企业内部的冲突。从冲突主体的角度来看，它是指来自不同文化背景的人之间的文化对抗，因为人们在语言、价值观、宗教信仰和不同的历史经历上存在明显的差异。

2）霍夫斯泰德文化维度理论

1967—1973年，霍夫斯泰德对美国IBM公司分布在世界70多个国家的11 600名员工进行了价值观调查，在对数据进行统计分析的基础上，他采用定量分析方法提出了文化维度理论，完成了他的惊世经典之作《文化之重》。霍夫斯泰德认为，文化根植于人类各主要群体的价值观体系之中，通过文化可以将某个群体与其他群体区分开，而且在各自发展的历史过程中得以不断巩固，并在某个特定环境下形成人民共同拥有的心理程序。

霍夫斯泰德的文化维度理论一经提出就引起了西方学界极大的关注，并成为各国学者进行跨文化研究的主要基础之一。根据霍夫斯泰德的观点，不同国家之间的文化差异主要表现在五个方面，他把这五个方面的差异确定为"文化维度"，即权力距离、个人主义/集体主义、不确定性规避、男性化/女性化和长期取向/短期取向等维度。

（1）权力距离维度：主要衡量社会和组织机构中处于弱势地位的个体对其所在社会权力分布不平等的接受程度。对于不同的社会文化而言，其对权力差异的接受程度越高，权力差距越大，下级对上级的依附性越强；反之，权力距离小的社会文化，人们并不看重由权力与财富引起的层级差异，更加强调个人权力的平等。

（2）个人主义/集体主义维度：主要衡量个体在某个群体中对保持独立和融入群体的倾向程度。个人主义强调个人自由，突出以自我为导向来追求个人成就，让不同的个性得到充分的发展；而集体主义的社会文化更注重以集体利益为重，人们通常不会轻易地表达自己真实的观点和想法，或采取谦虚、委婉的方式进行表达。

（3）不确定性规避维度：主要衡量的是个体对于采取官方措施规避不确定性或突发性事件的依赖程度。规避不确定性程度高的社会文化更加重视寻求有序的社会系统，更加注重年龄、权威、资历、地位等因素；而规避性低的社会文化对不确定性事件则更加具有包容性和适应性，喜欢面对新的变化和新鲜事物，勇于尝试新的挑战。

（4）男性化/女性化维度：主要衡量某个社会文化中社会角色的性别化分布情况，即是以女性特征为主，还是以男性特征为主。以女性特征为主的社会文化中，通常人们表现得更加博爱、包容，更加注重和谐的人际关系等；而以男性特征为主的社会文化中，人们通常体现出追求竞争、阳刚等，更加看重成功和物质。

（5）长期取向/短期取向维度：主要衡量特定社会文化中的个体对延迟其物质或情感需求满足的接受程度，这个维度的数值与国家的经济水平息息相关。长期取向的社会文化主要以追求长远发展目标为主，在这样的社会文化中，人们更加看重长期的承诺，且具备鲜明的坚韧不拔、持之以恒和容忍性强等品格；而趋向于短期取向的社会文化中，人们更加注重当前的利益或者短期利益，坚持性差，容忍度低。

3）解决文化冲突最佳方式——融合

美国的南希·J. 阿德勒在《国际组织行为》（International Dimensions of Organization Behavior）一书中认为解决文化冲突有三种途径，即强势、折中和融合。强势是指一种文化在某一社会环境内保持绝对的强势地位，超越该环境下的其他任何文化；折中是指文化冲突发生时采取避让和妥协的态度；而融合则是指不同文化之间互相融合，从而形成一种新的文化。文化融合是三种途径中解决文化冲突的最佳方式，也最适合跨国企业的可持续发展。

2. Takeuchi 和 Chen 的跨文化适应理论模型

在跨文化适应这一领域的研究中，最突出的是 Black（布莱克）等的实证研究。他们开发了跨文化适应量表，并将群体跨文化适应划分为工作适应、互动适应和一般适应这三个维度，目前该三维结构在跨文化适应的相关研究中得到了广泛应用。在此基础上，Takeuchi 和 Chen 对该领域的研究进行了全面分析，从利益相关者的角度提出了更全面的包含各利益群体的跨文化适应理论模型，如图 15-1 所示。

该模型保留了布莱克等的核心内容，从个人、家庭、母公司、子公司和当地社会五个利益相关者出发，详细总结了影响跨文化适应的因素，并适当运用家庭–工作冲突、社会交流关系、战略人力资源管理理论加以阐释，拓宽了外派人员跨文化适应研究的理论视角。

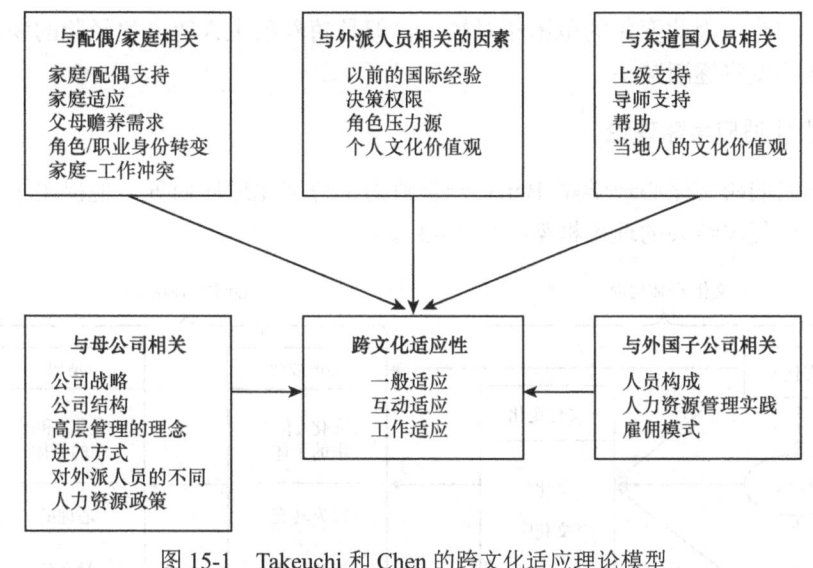

```
┌─────────────────┐  ┌─────────────────┐  ┌─────────────────┐
│ 与配偶/家庭相关 │  │与外派人员相关的因素│  │ 与东道国人员相关│
│ 家庭/配偶支持   │  │ 以前的国际经验  │  │ 上级支持        │
│ 家庭适应        │  │ 决策权限        │  │ 导师支持        │
│ 父母赡养需求    │  │ 角色压力源      │  │ 帮助            │
│ 角色/职业身份转变│  │ 个人文化价值观  │  │ 当地人的文化价值观│
│ 家庭-工作冲突   │  │                 │  │                 │
└─────────────────┘  └─────────────────┘  └─────────────────┘
```

┌─────────────────┐   ┌──────────┐   ┌─────────────────┐
│ 与母公司相关   │   │跨文化适应性│   │ 与外国子公司相关│
│ 公司战略   │ ──► │ 一般适应 │ ◄── │ 人员构成   │
│ 公司结构   │   │ 互动适应 │   │ 人力资源管理实践│
│ 高层管理的理念 │   │ 工作适应 │   │ 雇佣模式   │
│ 进入方式   │   └──────────┘   │   │
│ 对外派人员的不同│   │   │
│ 人力资源政策   │   │   │
└─────────────────┘   └─────────────────┘

图 15-1　Takeuchi 和 Chen 的跨文化适应理论模型

资料来源：Takeuchi and Chen（2013）

3. 跨文化适应与融合理论

跨文化传播学者 Kim 从 20 世纪 70 年代就开始研究跨文化适应问题，经过二十多年的不断探索，她系统地阐述了跨文化适应与融合理论。该理论涉及三个核心概念：跨文化适应、沟通和陌生人。她将跨文化适应定义为"一个动态的过程，通过新文化的重新定位，个体在其中与新环境建立并维持相对稳定、互利、功能健全的关系"，并建构了"压力—适应—动态成长"的模型（图 15-2），描述与陌生人现实经历相符的跨文化适应过程的本质。

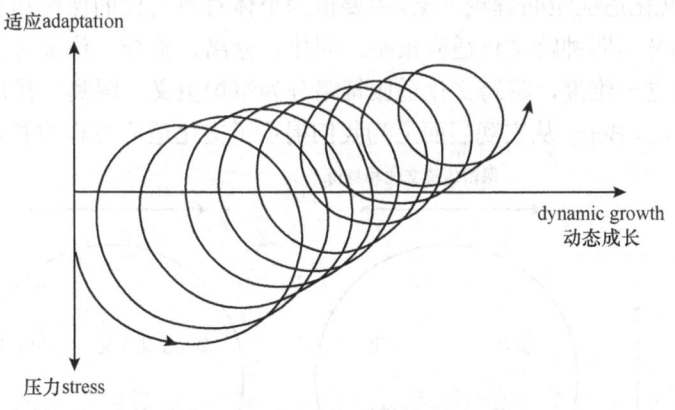

图 15-2　"压力—适应—动态成长"模型

资料来源：Kim（2001）

Kim 认为，在进入新文化后，陌生人通常的思维和行为习惯将会失去效力，所以其必须通过学习新文化体系来应对这种失控感。这一过程会引起心理压力，但压力不是疾病，而是陌生人克服困难、积极学习和适应新文化的动机，有利于帮助个体实现成长。这一过程的轨迹变化呈现出螺旋式上升的状态——起初，陌生人在接触新文化时面临着严重的适应困难,因此变化的范围相对较大,但是随着陌生人跨文化经验的积累,他们反应的变化幅度将逐渐减小。

4. 跨文化适应策略理论

国际知名的跨文化心理学家 Berry 一直致力于跨文化适应研究,他提出了系统理解跨文化适应过程与结果的理论框架(图 15-3)。

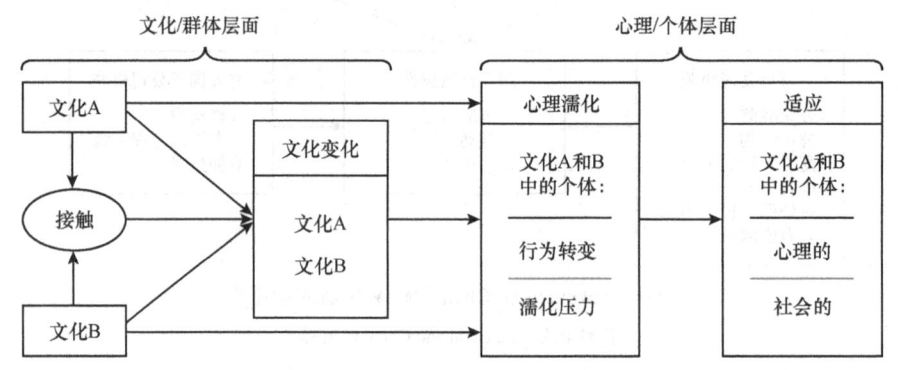

图 15-3 理解跨文化适应的理论框架

资料来源:Berry(2005)

跨文化适应是两个或两个以上文化群体及其成员在接触后发生在文化和心理上的双重变化。文化/群体层面的变化包括社会结构、制度、文化实践等方面。心理/个体层面的变化则涉及行为和心理变化,具体包括:①容易实现的行为变化,如文化脱落、文化学习和冲突;②跨文化转型造成的濡化压力,主要表现为心理健康状况下降、边缘感、疏离感、身心症状增加,身份混淆,濡化的最终结果是适应。

Berry 的跨文化适应策略理论框架,主要根据个体对原文化的保留和参与新文化的偏好两个维度,划分出四种跨文化适应策略:同化、分离、整合、边缘化。后来他又增加了主流群体态度这一维度,将跨文化适应策略分为熔炉主义、隔离、排斥、多元文化主义(图 15-4)。至此,Berry 从宏观层面上为我们揭示了文化适应过程的复杂与多维,Berry

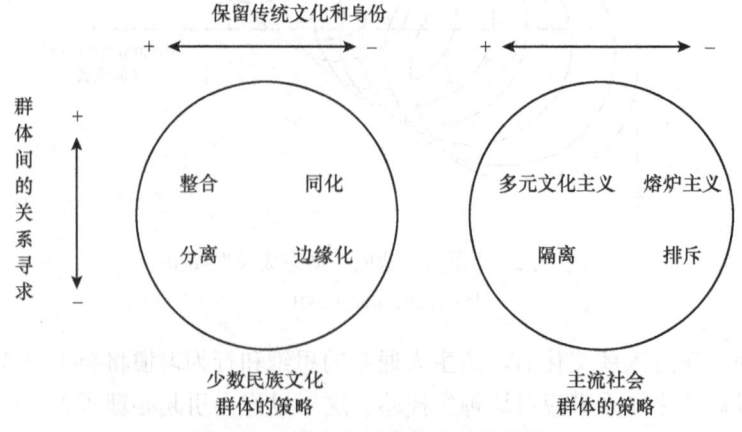

图 15-4 跨文化适应策略理论框架

资料来源:Berry(2005)

的理论框架也成为深受学者推崇的跨文化适应理论之一，在此基础上引发了大量的实证检验与理论探索研究。

5. Perlmutter 的跨文化人力资源管理模式

Perlmutter 提出了三种跨文化人力资源管理模式，即民族中心（ethnocentric）主义、多元中心（polycentric）主义和全球中心（geocentric）主义（Perlmutter，2017）。民族中心主义强调国内文化在跨国公司的经营中占主导地位。公司总部对海外子公司具有绝对权力，各子公司根据总部的战略布局开展海外业务活动。多元中心主义强调母公司与海外子公司之间的战略协调，公司总部根据所在国的实际经营情况和所在国的战略环境及时进行调整。而全球中心主义则打破母国和东道国的限制，强调在全球范围内进行人力资源的统筹和分配。

从总体上看，跨文化人力资源管理的主要内容为人力资源管理的所有功能，即人力资源的获取、培训、绩效评估、薪酬激励、劳动关系等功能，还包括跨文化培训与开发管理、跨文化冲突与沟通管理等。最重要的是，管理者必须扮演好跨文化沟通者这一角色，具备更加广阔的视野，理解并适应各种文化类型间的差异，并在此基础上进行整合和创新，以形成一种新的"文化模式组合"。

15.2.2 跨国企业人才招聘策略

企业的生存和发展离不开人才的支撑。一个企业只有具备优秀的人才，才能够有源源不断的动力和成果，来提高自身的竞争力。人力资源管理对于跨国企业来说变得越来越重要，是企业在国际市场竞争中脱颖而出的重要保障。为了切实解决国际人力资源管理差异性问题，深入了解企业所在国家的人力资源管理模式，具体可以从以下几个方面着手。

1. 更新招聘理念，制订合理的招聘计划

人才招聘的根本目标是促进企业的长期、稳定、可持续的发展，改善组织结构，提高企业的综合竞争力。因此，人才招聘的首要任务就是要制订合理的计划，明确公司本次人才招聘的目标，通过对本公司的所有部门进行信息采集，从而设立合理的科学要求。在企业人才招聘开展中需要对胜任能力进行充分阐述，对员工的招聘必须遵循双向原则，企业和应聘者必须符合国家的相关规定，并做出相应的选择聘用关系，这直接影响到企业的长远发展，科学合理的招聘是保证员工队伍整体素质的关键，也是人力资源管理的核心。

2. 拓宽招聘范围，选择合适的招聘方式

在开展招聘工作时，必须充分规划和设计招聘活动，建立完善的企业人力资源规划体系，并对企业内部的不同职位做出合理的解释。通过实施人力资源招聘，加强与其他部门的沟通和交流，确保招聘满足不同岗位的需要。同时，随着互联网的兴起，在线招聘平台和社交媒体的广泛使用，扩大了人才招聘的范围和渠道，公司可以根据自身发展的特点以及自身岗位的需求,结合中远期公司发展目标来选择适当的招聘渠道;并根据不同国家和地区的文化和法规,灵活调整招聘流程和条件,以适应不同背景的应聘者。

3. 优化培训方案,建立招聘的效果评估体系

首先,企业可以通过招聘进行初步筛选和招聘新员工,然后通过培训和学习使其获得适用于企业的新技能和知识,从而实现企业的战略目标。跨国企业的相关部门应该不定期组织内部员工进行培训,根据员工的实际需要和企业发展目标制订合适的培训计划,提高其水平,如财务部门组织财务课程培训,业务部门组织销售技能培训,人事部门组织招聘技能培训,视各部门性质和具体情况不同而变化。其次,每位员工都想在公司实现自己的人生价值,这就需要人力资源管理者除进行招聘外,还需要对本公司的人员定期进行科学的综合评估,并且根据评估结果进行相应的奖惩,将人力资源培训制度与其他管理部门工作有效融合,将人力资源培训结果与员工职位变动、绩效考核以及薪资待遇等情况相联系起来,进而提升人才的工作积极性和工作热情,增强对公司的认同感和归属感。

总之,国际人才如何能更好地适应异地工作这一问题,一直是国际人力资源管理和企业跨地区经营实践研究聚焦的重点话题。随着经济全球化的不断发展,国际化经营已成为很多企业的重要发展趋势。尤其是在复杂的国家商务活动中,跨国企业人力资源管理日益重要,企业必须在日常工作中对其人力资源管理体系和方式进行评估,发现风险并采取合理措施加以避免,以此来促进企业不断向前发展,增强企业在国际市场上的竞争力和凝聚力,从而取得更大的社会和经济效益。

15.3　国际劳动法律与跨国企业管理

15.3.1　跨国企业劳动法律合规

在全球化时代,跨国公司获得了在全球布局生产链的能力,其中,相对低廉的劳动力成本是跨国公司投资生产决策的重要考量因素。全球化重新分配了资本和员工之间的权力关系,强化了资本的权力,弱化了员工的权力。随着通信、交通等技术的发展和贸易自由化与国际投资便利化,资本、商品、技术、生产和消费都实现了高度全球化,传统劳动法制度不敷所用,越来越多的人力资源管理问题发生在传统劳动法法域之外,或者发生在主权国家管辖外的机构和场所。随着全球化进程的加快,随着业务在全球范围内的拓展,越来越多的大型企业在境外国家或地区投资设立子公司、分支机构、办事处及代表处等,跨国企业劳动法律合规对于跨国企业管理的重要性日益凸显。

一般说来,劳资关系一直是公司最主要的关系之一,跨国企业更多采用和接受子公司当地的劳动法。在该种用工形式下,境内企业应与外派员工签订劳动合同,并为外派员工办理符合派驻地法律规定的工作手续,双方之间存在法律意义下的劳动关系。因此,双方权利义务及争议解决适用本国法律法规,且境内企业作为用人单位还应当按照本国法律为外派人员缴纳社会保险、住房公积金和企业年金，缴纳个人所得税。一个国家的劳动法仅仅适用于本国领土管辖范围内所建立的劳动关系。员工管理和权益保障上，从招聘开始，到签署合同、议定保障条款最后再到解除劳动关系，其中的每个环节，各个国家基本都有明确的、针对性的法律法规。这也是绝大多数国家劳动立法所采取的法律原则，德国、法国、意大利、西班牙等国莫不如此。我国劳动立法采取的是同样的立场。1994年《中华人民共和国劳动法》第二条规定：在中华人民共和国境内的企业、个体经济组织和与之形成劳动关系的劳动者，适用本法。2007年《中华人民共和国劳动合同法》也仅仅适用于中国境内的用人单位。劳动法域外适用的情形很少，从实践来看，主要有以下两种情况。第一种情形是在涉外劳动合同的适用上。根据当事人的约定或者东道国法院的冲突法规则，适用外国的劳动合同法。在这种情况下，不少国家的立法都要求不可规避本国关于劳工保护的强制性规范。第二种情形是一个国家在其劳动立法上或者司法实践中单方面将某些特定劳动法规范予以域外适用。国内法的域外适用，各国都比较谨慎，在劳动法领域尤其如此，这种域外适用往往只是针对少数特定的情况。目前只有美国和英国有非常少量的有关域外适用的立法和司法实践，例如美国1967年的《就业年龄歧视法》，经过1984年修订以后，可以适用于美国公民在海外被美国公司或者其分支机构雇佣的情形。英国议会上议院在2006年的一个决定中，确认英国的1996年《雇佣权利法》可以在很有限的情况下适用于被英国雇主派往海外的工人。可见，除了极个别的例外情况，世界各国的劳动法都是在领土管辖范围内适用的。

尊重劳工的权益是企业的法律责任和公司人力资源管理的应有之义，跨国企业是全球化进程的载体、参与者、受益方和积极推动力。鉴于国际和国内劳工管制的局限性，跨国公司制定和实施劳工标准的能力与可能性受到越来越多学者的重视。经过几十年的发展，跨国公司通过制定生产行为准则和员工商业行为规范，在改善员工的工作条件和提供完善的福利方面，以及在员工的平等工作、反对歧视及工会建设等方面都取得了很大进步。例如，不少跨国公司主动设定和实施劳工标准。劳工标准越来越成为许多跨国公司内部行为准则的一部分，通过企业内部管理架构获得实施。知名跨国公司有能力将公司行为准则适用于公司的所有雇佣关系而不论其位于何处，从而阐明和实施劳工标准，具有生成一种新的国际劳工管理模式的潜力。同时，由于生产链全球化，不少处于上游的跨国公司，往往对其下游供应商的生产过程具有重大的影响能力，包括要求遵守和实施特定的劳工标准。

从目前跨国公司的人力资源管理看，主要有如下几个方面的特点：对劳动者的保护日趋加强；劳动合同的管理日趋规范；集体性争议不断增多；合规执行带来的劳资问题愈发明显。因此，跨国公司除了通过软性福利吸引和保留人才，必须按照法律法规的指导来进行人力资源管理，通过对员工合法权益的充分、有效维护，才能大幅减少潜在的劳动纠纷，降低此类法律风险。同时也必须对有可能侵犯或者影响公司利益的个人行为进行有效的规避、事先的约定，才能在未来可能的诉讼中保护公司的切身利益，达到有效、充分利用人才的目的。

在全球化背景下，跨国公司应当遵守国际劳工标准，保障劳动者权益，并合法合规地进行人力资源管理。跨国企业必须严格遵守各国的国际就业法规，涉及薪酬、工时、假期、福利等方面的法律规定，深入了解和严格执行这些法规，不仅有助于保护员工权益，还能降低企业因违反规定而面临的法律风险。在员工离职方面，跨国企业需要严格遵守各国的解雇规定和国际法律要求，这包括提前通知、赔偿金、离职程序等方面的规定。企业必须在尊重员工权益的同时，妥善处理国际员工离职相关的各种问题，以保护公司的利益。同时，在就业歧视方面，人力资源管理人员要密切关注、跟进反就业歧视政策、法律与实践变化。在用工全环节，都应注意是否存在不公平、不合理的差别对待的情形，以免引发就业歧视方面的争议。在全球层面规定尚不健全的情形下，应密切关注所在地域、行业的相关规定以及司法实践的处理尺度，以便于及时调整自身的反就业歧视做法。现阶段在司法实践中一个重要的判断标准是：用人单位是根据劳动者的专业、学历、工作经验、工作技能以及职业资格等与"工作内在要求"密切相关的"自获因素"选择，还是基于劳动者的性别、身份、地域、年龄、外貌、民族、种族、宗教等与"工作内在要求"没有必然联系的"先赋因素"选择，后者构成为法律禁止的不合理就业歧视。国际劳工与人力资源法的发展和完善也需要各跨国企业共同努力，熟悉这些顶层公约的制定与内容，能帮助我们更好地理解用工规范与安全，也有助于我们创造一个更平等、更安全、更有序的就业环境，以促进公平、可持续的劳动关系和人力资源管理。

综上所述，跨国企业在从员工入职到离职的全程管理中，面临多层次、多元化的国际人力资源管理挑战，有效解决这些挑战需要企业具备跨文化、法律、技术和管理等多方面的专业能力。只有通过包容、透明和合规的方法，跨国企业才能在多元化的全球市场中取得长期成功，培养卓越文化，维护声誉，创造一个包容和公平的国际工作环境。因此，跨国企业应严肃对待这些挑战，并将其视为提高国际竞争力的机会，以确保未来的可持续成功。

15.3.2 国际人力资源管理政策与流程

1. 国际人力资源管理政策

自新冠疫情开始以来，许多国家/地区提高了国际招聘率，随着越来越多的公司寻求国际招聘，有效的人力资源管理变得越来越重要。跨国公司虽然在不同的情景中使用不同的人力资源管理策略，但它们都是在下列三种通用的人力资源管理政策中做出选择。

1）民族中心法

当企业使用民族中心法时，外国的子公司几乎没有一点自主权，是典型的集权制，主要决定都是由公司总部做出的，国内与国外公司中的主要职位由母公司的管理人员来担任。换句话说，母公司派出人员对子公司进行管理，尽管普通员工可能是当地的居民，但是公司的关键职位是由公司总部派来的人管理的，被母公司派到外国子公司的人称作母公司员工（parent company employee，PCE），如丰田公司就是派遣日本管理团队到美国去管理新的公司。许多在美国的组织经营外国的子公司运用基本相同的方式。研究表明，公司采用这种模式是因为他们相信自己的管理和人力资源实践是非常重要的、核心的能力，它能给公司带来竞争优势。在这种策略模式下，对于当地员工的薪酬存在基于当地市场的倾向,对于管理团队的薪酬,特别是如果他们是母公司员工,将倾向于与母公司一致。在跨国公司发展的初期,母公司员工到海外子公司工作是非常重要的。这些外派人员,熟悉母公司的经营战略、经营方式以及各项政策,可以很好地贯彻母公司的宗旨和意图,确保分公司与母公司在企业目标、企业政策等方面保持一致。

2）多元中心法

当跨国公司使用多元中心法时,它们倾向于把每个子公司当作不同的有一定决策权的实体。子公司由当地人进行管理,这些管理人员是不可能被提拔到母公司任职的;同样,母公司人员也很少有机会被派驻到国外分支机构。如摩托罗拉公司在中国的每一项投资都遵循其指导原则中的一条"管理的本土化"原则。管理的本土化的重要一环是员工本土化,员工本土化是指跨国公司在一种跨国环境中培养本地员工,使他们拥有某一职位的能力和知识,并能与世界其他地区同等职位的员工具有相同竞争力。公司给员工很大的发展空间,让他们对未来充满希望,为公司培养一批优秀的后备管理者,这是最有利于公司自身发展的。在人力资源配置上,一般选择东道国人员管理其当地的子公司,而母国人员在母国总部任职。这种方法的优点是可以消除东道国人员语言与风俗等障碍,避免一些政治风险,同时也可能降低一些人工成本。

3）全球中心法

当跨国公司使用全球中心法时,跨国公司在选择最佳人选来担任关键岗位时不考虑其国籍与地区。换句话说,国籍不同不像才能不同那么重要。跨国公司从世界范围看待它的经营管理,无论是母公司还是子公司,它们的每一个部分都在运用本身的竞争优势做出贡献,因此在运作过程中采取了广泛的措施。它们在全球范围内有着综合性的业务,只强调能力而不介意所招聘人员的国籍。在任何地方的主要职位上,包括在总公司董事会、高级管理层中都可以找到三种不同的人员,即母国人员、所在国人员和其他国人员。如可口可乐公司的全球中心模式是在世界范围内招聘和选拔雇员,满足当地对高管人员的需求,同时在全球范围内培养和配备人才。可口可乐公司将人力资源管理的重点放在协调全球目标与当地反应能力上,将文化差异转化为企业经营的机会,使用不同国家的高管人员来提高企业的创造力和灵活性,并为有潜质的管理人员提供成长的机会。

2. 国际人力资源管理流程

国际人力资源管理涉及制定有效管理员工以使组织受益的战略。它在最大化员工体验以提高员工绩效和服务更广泛的公司目标方面发挥着重要作用。国际人力资源管理流程主要是招聘员工、员工培训、绩效管理、薪酬管理、职业生涯管理（organizational career management，OCM）。

1）招聘员工

招聘实质上是由系列人力资源活动构成的。人力资源招聘是人力资源战略的重要组成部分,国际人力资源招聘更是要严格按照以组织战略为依据而制定的人力资源战略来进行人员的聘任选拔。全球化趋势要求组织更多地考虑其国际经营活动的理念,全球观的贯彻执行要求组织的管理人员、技术人员具备相应的整合能力、对快速多变的环境的应对能力及协作能力,并能长期有效地协调和配置组织资源。而跨国企业在东道国选聘员工时需要了解和适应当地习惯。比如,在西欧的一些国家里,由政府负责公民的职业介绍事务,不允许私人机构插手,在瑞士,无论是雇主、工会、同事还是下级人员,都不参与人员招聘的全过程。但跨国企业要适应当地的招聘和选拔方式并非轻而易举。在日本,要吸引最优秀的潜在管理人才需要同日本大学的教授保持密切的私人关系,而大多数外国公司并不具备这种联系。对美国公司而言,这种招聘方法可能违背了公平竞争的道德原则。因此,跨国企业在选择招聘方法时需要经常权衡遵循母国习惯,获得他们认为合适的职位人选并遵循当地传统的成本与收益。当然在东道国仅仅挑选员工常常是不够的,通常在招募新员工以后,需要对其进行培训,这样才能使其真正成为公司所需要的雇员。

2)员工培训

培训与开发是提升企业人力资源能力与素质的最有效、最高效的方法,也是国际企业迅速塑造国际化人力资源队伍,打造跨文化工作团队的根本手段。随着经济全球化浪潮的速度加快,人力资源的培训与开发正日益受到企业管理者前所未有的重视。国际人力资源培训与开发就是国际化企业通过在全球范围内的学习、培训等手段,提高员工的工作能力、知识水平和潜能发挥,最大限度地使员工的个人素质与工作要求相匹配,进而促进员工现在和将来的工作绩效的提高。国际企业的人力资源培训与开发按照不同的分类标准可以分为不同的类型,根据企业实践和国际企业的人力资源培训与开发活动主要可以分为三种类型:常规性培训、职业生涯管理和外派培训。

3)绩效考核

国际企业绩效管理是对企业绩效实现过程各要素的管理,是基于企业战略之上的一种管理活动。绩效管理通过对企业战略的建立、目标分解、绩效评价,并将绩效用于企业管理活动之中,以激励员工业绩持续改进并最终实现组织战略目标以及个人目标,是为了实现一系列组织战略目标而对员工绩效进行的管理。绩效管理的概念是在拓展了绩效的内涵并总结了绩效评估不足的基础上提出来的,随着人力资源管理理论和实践的发展,绩效管理逐渐被理解成为一个人力资源管理的过程。绩效管理是对组织和员工的行为与结果进行管理的一个系统,是一系列充分发挥每个员工的潜力、提高其绩效,并通过将员工的个人目标与企业战略相结合以提高组织绩效的一个过程。所以,绩效管理不仅关注事后的考核,而且注重事前、事中的计划和控制,是事前计划、事中控制和事后考核所形成的"三位一体"的系统。

4)薪酬管理

薪酬激励是人力资源管理的重要方面。良好而有效的薪酬激励有助于提高员工的工作满意度和工作绩效,进而提高企业的竞争力,推动企业的发展。因此,研究薪酬激励的构成因素以及怎样对员工进行有效的激励对于一个企业来说是十分重要的。随着企业经营环境的变化,20世纪90年代至今,国际企业的传统薪酬管理逐渐转变为全面薪酬战略。传统的企业薪酬体系由三大部分构成:基本薪酬、可变薪酬和间接薪酬。薪酬必须与企业、团队和个人的绩效完成相联系，不同的绩效考核结果应当在薪酬中准确地体现出来，实现员工的自我公平，从而最终保证企业整体绩效目标的实现。薪酬以增强对员工的激励性为导向，通过动态工资和奖金等激励性工资单元的设计，激发员工的工作积极性，通过设计和开放不同的薪酬通道，使不同岗位的员工有同等的晋级机会。

5）职业生涯管理

职业生涯管理是一种专门化的管理，即从组织角度，对员工从事的职业所进行的一系列计划、组织、领导和控制等管理活动，以实现组织目标和个人发展的有机结合。有组织的职业生涯管理是指由组织实施的，旨在开发员工的潜力，留住员工，使员工能够实现自我的一系列管理方法。员工的职业生涯规划不仅仅是培训的问题，还包括了对员工的使用、考核、薪酬管理、晋升管理等一系列活动，它是一个完整的体系。由于员工的职业发展受到个人、社会和企业三方面因素的制约，对员工职业生涯的管理也需要多管齐下，特别是从个人和企业两个层面入手，明确个人、企业、管理者三类主体各自的角色和作用。概括地说，个人的角色主要是自我负责、主动规划；企业的角色主要是完善制度、搭建平台、提供资源；管理者的角色主要是沟通、指导和协调。

15.4 国际人力资源管理的发展趋势

当今世界，经济全球化、政治多极化、社会信息化、文化多样化深入发展，世界形势的深刻变革，给国际人力资源管理带来了重大影响，在当代世界的诸多变革中，与国际人力资源管理关系最为密切的，是科技与数字化对国际人力资源管理的影响，科技与数字化正在塑造国际人力资源管理新的发展趋势，使国际企业不断形成灵活就业与多元化团队。本节就从这两个方面展开论述国际人力资源管理的发展趋势。

15.4.1 科技与数字化的影响

当前，新一轮科技革命和产业变革突飞猛进，特别是信息技术日新月异，数字化深入发展。习近平主席指出："数字技术正以新理念、新业态、新模式全面融入人类经济、政治、文化、社会、生态文明建设各领域和全过程，给人类生产生活带来广泛而深刻的影响。"[①]科技与数字化的不断发展，使作为知识经济社会的战略性资源的人力资源的重要性不言而喻，国际社会对人力资源管理的重视度不断提高，在人力资源管理过程中，对于员工的认识评价，更加偏向于基于责任承担、自我管理与控制、主观能动性等导向。同时，要将员工视为企业最为宝贵的财富，在管理过程中能够真正贯彻落实以人为本的管理理念，最大限度地调动、激发和发挥员工的积极性、创新性，开发其内在潜能，实现员工和企业的共同发展。此外，人力资源管理要更加趋向于前瞻性、系统性、目标导向性，人力资源管理部门除了要对组织的经营及部门对人才的要求、员工的需求、客户

---

① 习近平向 2021 年世界互联网大会乌镇峰会致贺信[EB/OL]. http://politics.people.com.cn/n1/2021/0927/c1024-32237558.html[2021-09-27].

的需要等进行全方位多层次的了解与把握，更应将人力资源管理置于组织经营系统中，将人力资源战略与组织总体经营战略紧密结合起来，以实现组织经营目标，如提高盈利能力、改善质量、提升品牌价值等，提供最为有力的人才支撑。同时，通过对人的管理实现与其他管理职能的良好互动和有机结合，实现组织绩效的最大化和组织的可持续健康发展。另外，战略性人力资源管理的实现不仅需要获得组织高层领导与管理者的支持，还要有能够促进其实现的相应的工具或组织基础架构等。下面我们将从国际人力资源管理的主要内容——人员配置与招聘、组织学习与培训开发、绩效管理、薪酬管理以及国际劳动关系的变革、国际人力资源管理面临的挑战等方面进行具体阐述。

1. 国际企业人员配置与招聘

国际企业人员招聘开始呈现人力资源本土化的新特点。典型的民族中心法具有明显的缺陷：它将本国开发的人力资源管理战略直接移植到海外子公司中，派遣本国人经营海外子公司，往往忽视了东道国环境条件的重要性，在实施中常需要较高的成本，而且民族中心法也和东道国政府关于管理人员本土化的希望相矛盾，不利于改善同当地政府的关系。采取地区中心法或全球中心法的跨国公司雇佣的经理人员不限于母国和东道国，也可来自第三国，即不分国籍，但真正采用地区或全球中心法的国际企业不太多。首先，东道国要求外国的子公司任用他们的当地人，常常采用限制政策来达到其目的；其次，成本太高，该政策需要在大范围内进行招聘，大量的经理及家属的语言培训、文化定向培训、家庭迁徙、国外津贴开支等较多。

2. 国际企业组织学习与培训开发

科技的发展和数字化的推进，使社会与经济环境具有高度的不确定性、动态性和复杂性，国际企业需要通过有效的学习去适应环境的变化。有"全球第一CEO"之称的杰克·韦尔奇称："企业最终的竞争优势在于其学习能力。"而对于国际企业来说，不仅要提高技术水平、转变价值观念、培养综合能力，还要提高跨文化组织学习能力，并且国际企业核心竞争力的不竭源泉就在于其跨文化组织学习能力。跨文化组织学习能力一般包括创造跨文化学习机会的能力、跨文化沟通能力、合作和团队学习能力、学习成果的分享能力，以及建立共同的愿景、组织与环境的融合能力和为组织学习提供战略性引导的能力等，不断提高跨文化组织学习能力才能更好地应对国际文化差异这一客观事实。

科技与数字化推动了网络化学习在线培训的发展。网络化学习是指利用因特网或者组织内部的局域网进行在线培训。随着信息技术不断发展，网络培训受到了雇主们的欢迎。它可以节约成本，并能够向更多的员工开放。尽管它并不是培训专业人士所采用的最有效的培训方式，但是网络学习可以作为一项培训的一部分，与其他形式的培训方式结合使用。

3. 国际企业绩效管理

互联网技术的发展使得包括绩效管理模块的人力资源信息系统（human resource information system，HRIS）被广泛使用。跨国公司对国外子公司进行绩效评估时，一个重要的限制因素就是由时空造成的隔离，而 HRIS 是一种应对时间、空间、文化所造成的隔离的措施，可以在一定程度上应对全球绩效的复杂性和内在不确定性。当然，目前其还具有一定不足，如无法明确说出或错误表达角色、过程、实践、标准和目标。

国际企业有待展开系统性的绩效管理。卡西奥指出，全球绩效管理系统的模式在很大程度上是未知的。当前在理论和实践上都提出了很多跨文化问题，但更具战略性的内容是如何在各地区的业务部门和分散的全球价值链的要素之间展开系统性的绩效管理，在宏观层面使用绩效结果来指导或影响跨国公司的战略行动。国际绩效管理的变革将朝着这个方向不断探索和发展。

4. 国际企业薪酬管理

社会与经济环境具有高度的不确定性、动态性和复杂性，要求建立和发展国际企业薪酬管理的战略弹性模式。国际企业薪酬管理的战略弹性是指这一系统对于竞争环境变化的反应和适应能力。不同于以往的薪酬模式，薪酬管理的战略弹性模式强调的是一种动态管理的概念，即企业的薪酬体系不能因循守旧，而是应该以企业的发展战略为依据，根据企业某一阶段的内部、外部的总体情况，随着企业在市场上做出的战略调整而相应改变企业的薪酬管理模式，从而促进企业战略目标的实现。弹性的国际企业薪酬具有动态的协调功能，能够在相对的稳定性中具有一定的灵活性，保证公司战略的动态稳定性，从而有效应对环境的不确定性；同时，能够考虑到各地区员工的具体需求，许多学者都认为全球化的薪酬有必要具备战略弹性。传统的薪酬政策一味强调货币性而忽视了员工其他方面的需要。

此外，薪酬和福利正在朝着非物质性的趋势急剧变化。不断变化的劳动力态度要求人力资源管理者重新审视公司提供的现有薪酬福利及工作环境。未来，企业会在总体回报中加大非物质回报的激励内容，包括职业发展、绩效及时反馈和工作智能化与自动化；企业将重视员工的身心健康和保障管理，通过个性化的物质回报将员工绩效、工作体验与其总体回报的需求进行紧密联系。同时，人力资源管理也在呈现弹性化工作制。未来的人力资源管理将突破传统的工时制度，把激励导向式的薪资策略和自助餐式的福利政策相结合。针对技术研究开发人员的独特性，采取弹性工作时间与工作分享等措施，允许员工自行调整工作时间，以此吸引人才和激发员工的工作积极性。自助餐式的福利政策，就是公司给予员工一定的福利点数，员工可以在点数范围内随意挑选自己需要的福利项目，包括个人福利、有偿假期等，满足员工福利需求的多元化，实现福利效用的最大化。

5. 国际劳动关系的变革

在数字经济时代，数字技术的广泛应用正在推动资本表现形式的变革，并对国际劳动关系产生深远影响。数字技术的泛在性特征与资本的强流动性相互适配，催生出数字经济的全新业态，带来了人类生产方式的深刻变革。

在数字资本主义时代，资本对数据、算法、算力和开发平台等数字化生产资料的控制，形成了资本控制和劳动剥削从而实现快速增殖、扩张的基础。平台通过收集和分析用户的信息、行为等数据资源，不仅能够优化自身服务和提高效率，还能够通过广告、个性化推荐等方式实现商业价值的变现。这种对数据资源的占有和控制，使得平台很容易对数据资源进行垄断和滥用，从而加剧社会不平等和劳动剥削的问题。

此外，数字资本主义时代还出现了直接物质资料生产与活劳动相分离的趋势，以及数字平台与劳动者之间的新型劳动关系。在这种新型劳动关系中，劳动者往往缺乏传统的社会保障和劳动保护，他们的收入和就业稳定性受到很大影响。同时，数字平台通过算法和数据分析对劳动者进行精细化管理，进一步加强了资本对劳动的控制和剥削。

6. 国际人力资源管理面临的挑战

贿赂和腐败行为是跨国公司经理经常出现的伦理道德行为。随着时代的发展，产生了新的形式的贿赂与腐败，需要以新的观点和方法来界定和应对贿赂、腐败。如信息化时代的信息贿赂，随着互联网的普及，大数据时代已经到来，信息的地位举足轻重，提前获知信息可能给受贿者带来巨大的利益与好处，而行贿者可以用信息进行贿赂来达到自己的目的，因此社会上出现了许多利用信息进行贿赂的情况，例如，用内幕消息进行贿赂、用商业秘密进行贿赂等。

安全问题也是跨国公司在不确定世界中面临的一个重要挑战。网络安全是全球性的挑战，没有哪个国家能够置身事外、独善其身……面对工业间谍、盗窃和破坏、网络恐怖主义等情况，不仅要求跨国公司保证内部交流的安全，如公开记录的保护、员工隐私的保护，还要利用硬件、软件和人工系统来对付黑客、信息偷盗、内部破坏、软件系统的破坏，并确保后备系统的开发和维护以及信息系统的多重独立运用。跨国公司正逐渐成为全球市场的核心力量，应在技术发展中发挥引导作用。例如，深度伪造技术是由跨国公司开发的新技术，因此跨国公司也必须承担起检测和管理的责任。平台企业需要加强内容审查，确保信息的真实性和安全性。同时，应鼓励这些企业积极履行社会责任，增强责任意识，承担信息安全的关键责任，确保跨国信息传播的安全。

15.4.2 灵活就业与多元化团队

在科技与数字化的影响下，有两个值得我们注意的现象，灵活就业和企业中的多元化团队。灵活就业使就业形势发生了改变，对国际企业人员配置、招聘及劳动关系都将产生一定影响。多元化团队既集聚了来自不同民族和国家的智慧，也包含着文化冲突的可能性，需要我们以跨文化管理的视角来考察。

1. 灵活就业

数字技术对传统行业的渗透越来越深，与实践应用结合的场景越来越多，一系列数字技术新职业应运而生，推动了灵活就业的发展。以中国为例，《2023 中国新型灵活就业报告》称，与传统就业形态相比，新型灵活就业由现代信息网络和通信技术所驱动，雇佣关系相对灵活，工作自主权较高，进入门槛较低。该报告将新型灵活就业分为八类工种，即平台电商、生活配送、生活服务、平台微商、知识服务、自媒体、平台直播、共享出行司机。

在智能时代，工作的稳定性可能被重新定义。它将不再是劳动者在一个单位中长期从事劳动,而将转变为这样一种状态:劳动者随时可以在社会上找到一份或多份临时工作,但是除了少数公共服务部门或核心产业的核心部门以外,多数企业和组织并不会提供太多长期稳定的就业机会。在这样的情况下,一些追求有挑战性的工作或追求相对稳定的工作的劳动者走上了"自雇"和自主创业的道路。灵活就业会对国际企业人员配置、招聘及劳动关系都将产生一定影响。

2. 多元化团队

在国际企业中,企业形成了多元化团队,成员的多元化要求我们以跨文化管理的视角来审视问题。不同国家的管理实践之间存在差异,并且环境的差异对解释这些差异具有重要意义。通过比较不同文化体系中人们的组织行为,进而对不同文化成员之间的互动提出建议。

多元化团队也带来一系列的挑战。在一个多元化的团队中如何以大多数人乃至所有人能够接受的思维和处事方式处理好劳资关系、搞好公关,是一个难点。此外,更要有应对跨文化冲突的对策。文化差异是客观存在的,它不仅表现在民族文化、国家文化、区域文化的层面上,同时也会表现在组织文化、企业文化和职业文化层面上。若对文化差异处理不当就会引起文化冲突,进而影响组织绩效。企业国际化进程中不可避免地要向海外派遣人员,在多元文化团队中,成员间由于不同文化背景往往不能很好地沟通,或者不能适应彼此的价值观而使个人关系紧张,组织涣散,失去凝聚力。例如,意见不统一时中国人往往采取隐晦或者暗示的方式,一般不会激烈争辩,但是西方习惯公开表达想法,包括反对意见。此外,一些企业的片面文化观念,即一味强调企业文化高于国家间的文化差异,使得企业不可避免地会面临跨文化冲突问题。这实际上是忽略异域文化的影响力而片面地认为自己的企业文化至高无上所造成的,这种企图忽略异域文化影响的做法是非常错误的。

综上所述,正是由于各国在文化、法律政策等方面存在很大不同,跨国管理者必须调整人力资源管理政策和方式以适应公司所在国的国家文化、商业文化和社会制度,这被视为企业国际化进程中人力资源管理的又一挑战。跨文化冲突问题会使企业国际化进程中的内部交易成本上升,这主要表现在对外派人员的选派、培训及支付报酬方面,这些成本的增加使得管理的有效性大大降低。就减少跨文化冲突而言,培训应该是人力资源管理的有力工具。培养跨文化能力,一是要认真审视企业母国文化和异域文化;二是要找出两者之间的差异,避免进行以自我文化为标准的文化批判。同时,培训中应该强调员工对人际关系的洞察力、员工对文化的敏感性、交际沟通、团队管理与工作的能力。然而,许多公司培训外派人员的时间较晚,以致只能走马观花地对目标国家进行模糊培训,以适应企业国际化的需要。实际上,这种"临时抱佛脚"的做法是不会有多大效果的,企业国际化进程中需要的是真正具有全球意识和文化敏感性的员工。实际上,对于培训员工这个具体问题而言,员工的海外度假都可视为一种有效的方法。在国内的不同环境下工作也有助于培养员工的跨文化能力,员工不必跨越国界,企业母国的不同地区、民族差异以及阶级、年龄、性别的组合等都是员工提高跨文化能力的机会,这一点,对准备进行国际化或正进行国际化的我国企业来说很有借鉴意义。

【本章小结】

本章主要介绍了国际人力资源管理的核心要素，强调了在全球化背景下进行人力资源管理时必须考虑的多元文化和法律环境，详细分析了国际人力资源管理的特点及挑战，如文化多样性的管理、跨国法律的遵守以及全球人才流动性的挑战，为学习者提供了全面的理解。此外，本章还探讨了有效的跨文化沟通与适应和跨国企业人才招聘策略，这些策略帮助企业在不同文化背景下建立有效的沟通机制和团队合作，同时也讨论了如何在全球范围内识别和吸引顶尖人才，以及确保跨国企业在各地法律框架内的合规操作。本章还着重讨论了科技与数字化对国际人力资源管理的深远影响。人力资源信息系统的应用不仅提高了招聘的效率和精确性，还改进了员工的绩效评估和培训程序。同时，随着工作方式变革，灵活就业和多元化团队的管理也成为现代人力资源管理的重要组成部分。这些发展趋势要求人力资源专业人士不断适应新的技术和管理模式，以保持竞争力并优化全球人力资源配置。

通过本章的学习，学习者不仅能够获得理论上的深刻见解，还能够掌握应对全球人力资源管理挑战的实际策略和技巧。这将帮助人力资源专业人士在不断变化的国际环境中，有效地管理和发展人力资源，从而推动企业全球化战略的成功实施。

【思考题】

1. 请讨论文化差异如何影响跨国公司的人力资源管理策略。尝试分析在不同文化背景下，人力资源管理面临的主要挑战有哪些，以及企业应如何调整其管理策略以适应这些文化差异。

2. 请探讨跨国企业应如何有效整合和遵守不同国家的劳动法规，同时保持其全球运营的一致性和效率。

3. 请分析如何利用科技与数字化来改进国际人力资源管理的实践。请讨论如何利用HRIS帮助企业在全球范围内优化招聘流程、提升员工绩效评估的准确性，以及改善员工培训和发展计划。

【知识点链接】

跨文化人力资源管理

跨文化人力资源管理是一种针对全球化背景下管理多元文化员工和团队的管理实践，需要管理者具备文化差异管理、跨文化沟通、多元化团队管理和跨国人才管理等能力。

跨文化人力资源管理的内容包括以下几个方面。

（1）文化差异管理：跨文化人力资源管理需要关注不同文化背景员工的价值观、沟通方式、工作习惯等方面的差异。管理者需要了解并尊重不同文化之间的差异，以便更好地协调和管理跨国团队。

（2）跨文化沟通：有效的跨文化沟通是跨文化人力资源管理的核心。管理者需要培养跨文化沟通能力，包括语言能力、非语言沟通、跨文化谈判等，以确保信息能够在不同文化之间有效地传递和理解。

（3）多元化团队管理：跨文化人力资源管理需要管理者能够有效地组建和管理多元化的团队。这包括了解和尊重不同文化背景的员工，促进团队之间的协作和合作，以及确保公平和包容的工作环境。

（4）跨国人才管理：在全球化背景下，企业需要跨国界招聘、培养和管理人才。跨文化人力资源管理需要管理者具备跨国界人才管理的能力，包括了解不同国家的劳动法规、薪酬体系、员工福利等，以确保人力资源管理的合规性和有效性。

参 考 文 献

陈吉德. 2015. 全球化时代的文化冲突：释义与分析[J]. 人民论坛·学术前沿，（19）：88-94.

郭晋晖. 2023-09-15. 我国数字经济规模超 50 万亿 新型灵活就业人数占比超两成[N]. 第一财经日报，（A10）.

贺秋硕，喻靖文. 2010. 人力资源管理案例引导教程[M]. 北京：人民邮电出版社.

胡羚燕. 2018. 跨文化人力资源管理[M]. 武汉：武汉大学出版社.

胡孝德. 2014. 人力资源管理案例集[M]. 杭州：浙江大学出版社.

黄靖欣. 2015. 浅析跨国公司的本土化战略及其实施[J]. 中国经贸导刊，（26）：57-58.

雷婷，胡玲. 2020. 人力资源管理综合实训[M]. 北京：经济管理出版社.

李猛. 2023. 深度伪造技术的国家安全风险及其全球治理[J]. 云南行政学院学报，25（5）：61-71.

李伟薇. 2023. 国际商务中的人力资源管理[J]. 山西财经大学学报，45（S1）：43-45.

林晓云. 2007. 美国劳动雇佣法[M]. 北京：法律出版社.

刘思源. 2019. 技术革命推动的劳动关系演化研究[D]. 天津：天津财经大学.

吕霞. 2023. 国际人力资源管理的差异性及其战略探讨[J]. 商业2.0，（4）：26-28.

瞿群臻. 2019. 人力资源管理实验实训教程[M]. 北京：清华大学出版社.

任康磊. 2020. 人力资源管理实操：从入门到精通[M]. 2版. 北京：人民邮电出版社.

塞尔. 2009. 欧洲劳动关系：共性卷[M]. 易定红，等译. 北京：中国劳动社会保障出版社.

宋心蕊，赵光霞. 2015-12-17. 习近平在第二届世界互联网大会开幕式上的讲话[N]. 人民日报，（2）.

宋莹，姚剑锋. 2015. 跨国企业的本土化人力资源管理：以通用电气(中国)为例[J].中国人力资源开发，（24）：19-24, 30.

魏钧. 2019. 人力资源管理实训[M]. 2版. 北京：科学出版社.

夏敏鸿. 2023. 跨文化交际在企业人力资源管理中的应用[J]. 人力资源，（12）：20-21.

夏晓璠. 2016. 论贿赂的范围[D]. 扬州：扬州大学.

张昕蔚，刘刚. 2024. 数字资本主义时代的资本形态变化及其循环过程研究[J]. 当代财经：3-16.

赵君，刘容志. 2016. 人力资源管理实训教程[M]. 武汉：武汉大学出版社.

周均旭. 2019. 公共部门人力资源管理案例[M]. 北京：中国人民大学出版社.

周显龙. 2022. 论国际贸易企业人力资源管理策略：评《国际企业管理》[J]. 国际贸易，（12）：97.

Adler N J, Gundersen A. 2008. International Dimensions of Organizational Behavior[M]. 5th ed. Cincinnati: South-Western.

Berry J W. 2005. Acculturation: living successfully in two cultures[J]. International Journal of Intercultural Relations, 29(6): 697-712.

Di Stefano G, Scrima F, Parry E. 2019. The effect of organizational culture on deviant behaviors in the workplace[J]. The International Journal of Human Resource Management, 30（17）：2482-2503.

Edwards T, Almond P, Murray G, et al. 2022. International human resource management in multinational companies: Global norm making within strategic action fields[J]. Human Resource Management Journal. 32（3）：683-697.

Ererdi C, Nurgabdeshov A, Kozhakhmet S, et al. 2022. International HRM in the context of uncertainty and crisis: a systematic review of literature (2000–2018)[J]. The International Journal of Human Resource Management, 33（12）：2503-2540.

Kim Y Y. 2001. Becoming Intercultural: An Integrative Theory of Communication and Cross-Cultural

Adaptation[M]. Thousand Oaks: Sage Publications.

Lamane-Harim J, Cegarra-Leiva D, Sánchez-Vidal M E. 2023. Work-life balance supportive culture: a way to retain employees in Spanish SMEs[J]. The International Journal of Human Resource Management, 34 (10): 2074-2106.

Martínez Lucio M, Stuart M. 2011. The state, public policy and the renewal of HRM[J]. The International Journal of Human Resource Management, 22 (18): 3661-3671.

Perlmutter H V. 2017. The Tortuous Evolution of the Multinational Corporation[M]//Buckley P. International Business. London: Routledge: 117-126.

Phillips J M, Griswold K R, Shiverdecker L K, et al. 2023. Wilkommen, bienvenue, welcome: language and national culture diversity messages as strategic recruiting tools for diverse organizations[J]. The International Journal of Human Resource Management, 34 (1): 154-196.

Presbitero A, Froese F J, Peltokorpi V, et al. 2023. Language in international human resource management: current state of research and future research directions[J]. The International Journal of Human Resource Management, 34 (21): 4027-4045.

Scheibmayr I, Reichel A. 2023. Beating the advertising drum for the employer: How legal context translates into good HRM practice[J]. Human Resource Management Journal, 33 (1): 95-114.

Soares A M, Farhangmehr M, Shoham A. 2007. Hofstede's dimensions of culture in international marketing studies[J]. Journal of Business Research, 60 (3): 277-284.

Takeuchi R, Chen J Y. 2013. The impact of international experiences for expatriates' cross-cultural adjustment[J]. Organizational Psychology Review, 3 (3): 248-290.

Takeuchi R, Yun S, Tesluk P E. 2002. An examination of crossover and spillover effects of spousal and expatriate cross-cultural adjustment on expatriate outcomes[J]. Journal of Applied Psychology, 87 (4): 655-666.

附录 A 背 景 案 例

　　新安市规划局成立于 2003 年，是适应新安城市发展和规划管理新形势的需要，组建的以城市规划、信息集成、城市测绘等多专业融合的新型城市规划研究机构。其主要职能包括城市发展战略研究、地区开发、城市设计、重点项目的规划服务以及各类城市规划信息系统和城市测绘系统的建立及维护，测绘信息采集、管理，GIS 建设及软件开发等有关技术性、服务性工作等。规划局下属部门包括规划编制处、选址用地处、技术法规处、测绘信息处等。

　　目前，规划局预备对新安市的城市生活岸线等设施进行规划，挖掘长江岸线价值，将主城内的生产性码头逐步迁出，建立滨江绿化景观带和滨江公园，让新安成为真正意义上的滨江城市。

　　鉴于该人力资源规划的草案提出以及具体实施，将出现人员需求，经过审批之后，财务部门需要对招聘需求做预算。预算经过审批之后，方可制订出具体的招聘计划。

　　规划局制订出详尽的招聘计划并选择通过网上公开选拔的方式进行发布。应聘岗位的人员添加自己的个人简历，进行工作申请。招聘结束之后，规划局对人员进行甄选，通过的人员进行体检，体检通过，规划局将进行录用信息的发布，被录用的新员工报到，并与之签订合同。

　　人事部门可以对员工信息进行管理，查看他们的合同，并及时对将要到期的合同进行处理，选择是终止还是续签。人事科员能够进行任职提名、调入、调出、变动、转任、挂职、回避、离职、辞退、离休、退休以及强制退休的申请，这些申请均需要通过层层审批方能实现。

　　新录用的人员需要进行职前培训，培训的内容包括政治理论培训、职业道德培训、政策法规培训、业务知识培训、文化素养培训以及技能训练的培训。首先要对培训机构以及基础资料进行管理，其次要制定培训需求、培训计划，并安排好日程，当培训结束后，对培训效果进行评估，管理培训费用。

　　为促进机关部门的作风改善以及工作效率的提高，人事部门加强对考勤制度的执行力度，对考勤类型进行维护，严谨对待排班管理、加班管理以及请假管理，及时添加考勤数据并汇总。

　　人事部门欲建立起科学、全面、合理的评估体系，采用 360 考核法对员工进行考核，并自定义制定员工考核模板和职位考核模板。考核执行完成后，可以通过饼图和柱状图来进行统计。

　　考核完毕后，可以针对考核成绩的高低，对员工给予适当的奖惩，以督促其工作更好地展开，提高各部门的工作效率。

　　新安市规划局同时配置了保险以及福利的相关信息，设置医疗项目，通过审批，保障职工的利益。

　　新安市规划局的薪酬项目包括基本工资、职位工资、绩效工资、住房津贴、加班费、值日津贴等多项。人事部门根据不同员工制定不同的工资，设定固定的日期发放工资。

工资提交之后，需要对工资进行发放，并对培训费用和招聘费用进行管理，以及人力资源规划进行结算。

职工在对职业生涯的主客观条件进行测定、分析、总结研究的基础上，对自己的兴趣、爱好、能力、特长、经历及不足等各方面进行综合分析与权衡，结合时代特点，根据自己的职业倾向，确定其最佳的职业奋斗目标，并为实现这一目标做出行之有效的安排。

附录 B 实验案例数据

B1 系统配置

人员职位分配数据，见附表 1。

附表 1 人员职位分配

角色名称	人员
局长	陈建
任免机关	陈建
处长	王军
财务科长	吴兵
财务科员	朱建
人事科长	李明
人事科员	李晓
普通科长	王海
普通科员	顾叶
普通科员	张玲

不同员工信息数据，见附表 2 至附表 8。

附表 2 员工李明信息

员工姓名	李明	部门名称	
身份证号	320104197902011232	性别	男
籍贯	新安	雇佣类型	全职
出生年月	1979-02-01	民族	汉族
毕业院校	南京大学	专业	经济学
文化程度	本科	手机	15912345672
联系地址	福建路 2 号	电子邮件	liming@126.com
联系电话	83400002		
工号	AllPass_N_01	入职时间	2009-01-01
参加工作时间	2005-01-01	带薪休假天数	5 天
职位工资	500 元		
绩效系数	100	绩效工资	200 元
社保基数	1455 元	公积金基数	500 元

附表 3 员工王军信息

员工姓名	王军	部门名称	
身份证号	320104197903011233	性别	男
籍贯	新安	雇佣类型	全职

续表

出生年月	1979-03-01	民族	汉族
毕业院校	南京大学	专业	经济学
文化程度	本科	手机	15912345673
联系地址	福建路3号	电子邮件	wangjun@126.com
联系电话	83400003		
工号	AllPass_N_02	入职时间	2009-01-01
参加工作时间	2005-01-01	带薪休假天数	5天
职位工资	500元		
绩效系数	100	绩效工资	200元
社保基数	1455元	公积金基数	500元

附表4 员工王海信息

员工姓名	王海	部门名称	
身份证号	320104194904011234	性别	男
籍贯	新安	雇佣类型	全职
出生年月	1949-04-01	民族	汉族
毕业院校	南京大学	专业	经济学
文化程度	本科	手机	15912345674
联系地址	福建路4号	电子邮件	wanghai@126.com
联系电话	83400004		
工号	AllPass_N_03	入职时间	2009-01-01
参加工作时间	2005-01-01	带薪休假天数	5天
职位工资	500元		
绩效系数	100	绩效工资	200元
社保基数	1455元	公积金基数	500元

附表5 员工陈建信息

员工姓名	陈建	部门名称	
身份证号	320104197905011235	性别	男
籍贯	新安	雇佣类型	全职
出生年月	1979-05-01	民族	汉族
毕业院校	南京大学	专业	经济学
文化程度	本科	手机	15912345675
联系地址	福建路5号	电子邮件	chenjian@126.com
联系电话	83400005		
工号	AllPass_N_04	入职时间	2009-01-01
参加工作时间	2005-01-01	带薪休假天数	5天
职位工资	500元		
绩效系数	100	绩效工资	200元
社保基数	1455元	公积金基数	500元

附表6　员工李晓信息

员工姓名	李晓	部门名称	
身份证号	320104197906011236	性别	男
籍贯	新安	雇佣类型	全职
出生年月	1979-06-01	民族	汉族
毕业院校	南京大学	专业	经济学
文化程度	本科	手机	15912345676
联系地址	福建路6号	电子邮件	lixiao@126.com
联系电话	83400006		
工号	AllPass_N_05	入职时间	2009-01-01
参加工作时间	2005-01-01	带薪休假天数	5天
职位工资	500元		
绩效系数	100	绩效工资	200元
社保基数	1455元	公积金基数	500元

附表7　员工吴兵信息

员工姓名	吴兵	部门名称	
身份证号	320104197907011237	性别	男
籍贯	新安	雇佣类型	全职
出生年月	1979-07-01	民族	汉族
毕业院校	南京大学	专业	经济学
文化程度	本科	手机	15912345677
联系地址	福建路7号	电子邮件	wubing@126.com
联系电话	83400007		
工号	AllPass_N_06	入职时间	2009-01-01
参加工作时间	2005-01-01	带薪休假天数	5天
职位工资	500元		
绩效系数	100	绩效工资	200元
社保基数	1455元	公积金基数	500元

附表8　员工张玲信息

员工姓名	张玲	部门名称	规划编制处
身份证号	321102198611092824	性别	女
籍贯	新安	雇佣类型	全职
出生年月	1986-11-09	民族	汉族
毕业院校	南京大学	专业	经济学
文化程度	本科	手机	13912345678
联系地址	福建路6号	电子邮件	zhangling@126.com
联系电话	83494818		
工号	AllPass_N_07	入职时间	2009-01-01
参加工作时间	2005-01-01	带薪休假天数	5天
职位工资	600元		
绩效系数	100	绩效工资	500元
社保基数	1500元	公积金基数	500元

B2 组织设计

组织机构配置数据,见附表9。

附表9 组织机构配置

项目	基本信息
组织机构名称	新安市规划局
公共部门性质	政府部门
所在城市	新安市
组织规模	300—999人
负责人	陈建
联系电话	83491111
联系地址	福建路
电子邮箱	xa@126.com
网站	http://www.xaghj.com
上级机关	新安市政府
组织职责	包括城市发展战略研究、地区开发、城市设计、重点项目的规划服务以及各类城市规划信息系统和城市测绘系统的建立及维护,测绘信息采集、管理,GIS建设及软件开发等有关技术性、服务性工作等
组织文化	及时掌握城市发展的新动态和新需求;保持开放和包容的态度;以城市公共利益为最高目标;不断提升专业能力和洞察力;发展技术优势,提供专业的技术支持;具备高效的执行力和灵活的应变能力;注重团队合作
组织核心价值观	适应新安城市发展和规划管理新形势的需要,组建的以城市规划、信息集成、城市测绘等多专业融合的新型城市规划研究机构,为城市规划做贡献

部门信息添加数据,见附表10。

附表10 部门信息添加

项目	基本信息
部门名称	规划编制处
部门类型	人事管理部门
部门领导	李明
上级部门	无
部门电话	83492222
部门描述	负责组织制订城市规划编制计划,负责规划编制指令性任务的下达,负责规划编制成果的初审,参与规划编制成果的终审

职位、职级信息添加数据以及岗位信息添加数据,分别见附表11、附表12、附表13。

附表11 职位信息添加

项目	基本信息
职位编号	ZW_01
职位名称	处长
基本工资参考	5000元
职位分类	领导职务

附表12　职级信息添加

项目	基本信息
职级编号	ZJ_01
工资额	5000 元
所属职位	处长

附表13　岗位信息添加

项目	基本信息
岗位名称	规划编制处处长
岗位职责	参与全市经济和社会发展中长期规划和计划、国土规划、区域规划、江河流域规划以及、土地利用总体规划以及相关的专项、专业规划的编制工作
工作内容	研究制订全市村镇规划的近期和年度编制计划，制定地方性的村镇规划技术标准，指导市属各县的城乡规划和村镇规划编制工作，指导、监督各县城镇和重要建制镇以及村镇的规划管理工作

B3　人力资源规划

组织战略制定（附表14）、人员需求分析（附表15）、人力资源供给分析（附表16）、人力资源规划预算（附表17）、工作分析（附表18）。

附表14　组织战略制定

项目	基本信息
时间段	2009-10-01—2009-10-31
组织要实现的目标	建立起组织配置和市场配置相结合的公平、平等、择优的选拔用人机制，在人才选拔上人人平等，唯才是举；在日常工作中为组织成员创造一个良好的人才生存空间，倡导他们发挥自己的潜力和创造力，为组织多做贡献，这样我们的公共部门才会具有生命力
核心价值观	能力本位
组织的发展方向	建立以强调"以人为本""多元化""合作互助"为主要特征的现代公共部门
组织的发展计划	培养组织成员敢想、敢说、敢做的作风，鼓励组织成员提意见、提建议、参与组织决策；要因地、因时制宜，充分利用各种条件、扬长避短，调整其目标、组织结构和行为方式，满足环境提出的各种要求
指导方针	组织和成员形成一个责、权、利统一的命运共同体，且在其中都有一种危机感、主体感和成就感
实施措施	采取措施协助员工确定其职业发展目标、设计职业发展路径，并为员工实现职业目标不断提供帮助

附表15　人员需求分析

项目	基本信息
人员需求分析名称	规划编制需求
部门	规划编制处
职位	默认职位
人力需求预测方法	现状预测法
需求人数	1 人

附表16　人力资源供给分析

项目	基本信息
人力资源供给分析名称	规划编制需求
预测方法	外部预测法
相关专业	经济学
毕业生人数	1人

附表17　人力资源规划预算

项目	基本信息
预算名称	规划预算
预算年度	2009年
年度预算销售额	100 000元
备注	规划预算

附表18　工作分析

基本信息	
职位名称	处长
工作分析方法	资料分析法
工作职责	1. 主持全处日常行政工作 2. 认真组织全处职工学习政治、时事、技术和业务，不断提高全处职工的政治、业务素质
工作内容	1. 负责组织项目的申报、立项、设计、报建、招投标、施工质量监控、主体和竣工验收、工程预决算的审核等工作 2. 主持召开处务会议，传达学习上级文件和指示精神，研讨解决全局性的工作和问题，协调与基建处有关的横向关系
工作条件	75%以上时间在室内工作，不受气候影响；因工作需要，需配备计算机、电话、传真机以及其他办公用具，无独立办公室
聘用条件	专业相关，工作经验符合，思想先进
转任与升迁范围	内部提升
培训机会	可获得计算机类、管理类、专业技术类等方面的培训
任职说明	
年龄	25—35岁
性别	男
学历	本科
工作经验要求	曾从事此类工作3年以上
生理要求	身高：1.70—1.80米；体重：与身高成比例，正常范围内即可；听力：正常；视力：矫正视力正常
知识要求	1. 英语四级以上 2. 熟练使用office系列软件
技能要求	1. 表达能力强 2. 观察能力强 3. 逻辑处理能力强
综合素质	1. 有良好的职业道德 2. 独立工作能力强
其他要求	为人热情，善于与人交往；待人公允

B4 招聘管理

招聘需求（附表 19）、招聘计划基本信息（附表 20）、招聘计划详细信息（附表 21）、新进人员简历（附表 22）、体检要求（附表 23）、费用管理（附表 24）、新员工报到（附表 25）、人才库添加（附表 26）。

附表 19　招聘需求

项目	基本信息
招聘需求名称	规划编制需求
招聘的职位名称	财务科员
工作描述	1. 编制财务收支计划、信贷计划 2. 组织财务制度办法的制定及其落实执行 3. 资金的筹集调度，保证资金在使用上的安全可靠 4. 汇报财务制度、经济责任制的执行落实情况及其存在的问题，并提出解决意见
招聘的人数	1 人
年龄	25—35 岁
性别	女
部门现状	缺少财务科员
组织结构是否变化	不变化
专业需求	大专及以上，需从事财务工作至少 3 年
需求原因	规划编制需求
备注	认真负责、工作细心、敢于坚持原则

附表 20　招聘计划基本信息

项目	基本信息
招聘计划名称	规划编制
所需需求分析名称	规划编制需求
招聘需求申请名称	规划编制需求
职位名称	默认职位
部门名称	规划编制处
计划费用	1000 元
招聘数量	1 人
开始日期	2009-10-01
结束日期	2009-10-30

附表 21　招聘计划详细信息

项目	基本信息
性别	女
年龄	25—35 岁
文化程度	本科
工作经验	2—5 年
专业	经济学
工资待遇	2500—3500 元

续表

项目	基本信息
职位描述	1. 编制财务收支计划、信贷计划 2. 组织财务制度办法的制定及其落实执行 3. 资金的筹集调度，保证资金在使用上的安全可靠 4. 汇报财务制度、经济责任制的执行落实情况及其存在的问题，并提出解决意见
招聘来源	组织外部
招聘渠道	就业机构征招

附表 22　新进人员简历

姓名	朱建	性别	男
民族	汉族	出生年月	1978-01-01
国家或地区	中国大陆	户口所在地	新安
证件类型	身份证	证件号	320104197801011231
目前年薪	30 000 元	币种	人民币
政治面貌	党员	婚姻状况	未婚
毕业院校	南京大学	专业	经济学
文化程度	本科	工作年限	2—5 年
公司电话	83494818	联系地址	铁路北街 1 号
手机号码	15912345671	E-mail	zhujian@126.com
家庭电话	83400001	邮编	210003
家庭地址	福建路 1 号		

附表 23　体检

项目	基本信息
体检内容	入职体检
身体状况	健康
疾病说明	无病史
体检结果	通过

附表 24　费用管理

项目	基本信息
费用申请名称	招聘费用
招聘计划名称	项目部招聘
费用类型	招聘
费用金额	1000 元
详细说明	用于支付招聘环节所需的费用

附表 25　新员工报到

工号	AllPass_N_07	入职时间	2009-01-01
参加工作时间	2005-01-01	带薪休假天数	5 天
职位工资	500 元		
绩效系数	100	绩效工资	200 元
社保基数	1455 元	公积金基数	500 元

附表 26 人才库添加

姓名	顾叶	性别	女
民族	汉族	出生年月	1996-08-01
国家或地区	中国	户口	江苏
证件类型	身份证	证件号	320104199608011238
目前年薪	30 000 元	币种	人民币
政治面貌	党员	婚姻状况	未婚
毕业院校	南京大学	专业	经济学
文化程度	本科	工作年限	2—5 年
公司电话	83490008	联系地址	福建路 8 号
手机号码	15912345678	邮箱	guye@126.com
家庭电话	83490008	邮编	210003
家庭地址	福建路 8 号		

B5 人 事 管 理

员工信息添加（附表 27），合同添加（附表 28），任职提名（附表 29）

附表 27 员工信息添加

员工姓名	顾叶	部门名称	
身份证号	320104199608011238	性别	女
籍贯	新安	雇佣类型	全职
出生年月	1996-08-01	民族	汉族
毕业院校	南京大学	专业	经济学
文化程度	本科	手机	15912345678
联系地址	福建路 8 号	电子邮件	guye@126.com
联系电话	83400008		
工号	AllPass_N_07	入职时间	2009-01-01
参加工作时间	2005-01-01	带薪休假天数	5 天
职位工资	500 元		
绩效系数	100	绩效工资	200 元
社保基数	1455 元	公积金基数	500 元

附表 28 合同添加

项目	基本信息
员工姓名	顾叶
合同类型	固定期限劳动合同
签订日期	2009-01-01
生效日期	2009-01-01
正常终止日期	2009-12-31

附表29 任职提名

项目	基本信息
任职提名名称	规划编制处处长
员工姓名	顾叶
任职方式	考任制
所属职位	默认职位
执行时间	2009-10-22
详细信息	原职：普通科员 提名：规划编制处处长
考核信息	通过
任职原由	工作表现突出

B6 培训管理

培训机构（附表30）、培训课程（附表31）、培训需求（附表32）、培训计划（附表33）、培训日程（附表34）、培训费用（附表35）、培训效果评估（附表36）。

附表30 培训机构

项目	基本信息
培训机构名称	新安市党校
机构性质	党校
机构定位	进行改革开放意识、中国特色社会主义信念、现代化建设知识和能力教育，以及开展国际培训交流合作的基地
办学目标	提高广大干部的政治思想素质
办学内容	党的优良传统、党性党风和国情教育
主干课程	政治理论培训、职业道德培训、政策法规培训、业务知识培训、文化素养培训以及技能训练的培训
教学形式	体验式、研讨式
班次特点	短期培训、专题研究
机构地址	新安市云南路1号
联系电话	025-83491111
联系人	赵鹏

附表31 培训课程

项目	基本信息
课程名称	政治理论培训
所属机构	新安市党校
课程简介	政治理论培训
课时	36小时
教师	赵鹏

附表32 培训需求

项目	基本信息
需求名称	党政培训

续表

项目	基本信息
需求分析方法	绩效考核
需求内容	对部门新进人员进行政治理论培训、职业道德培训、政策法规培训、业务知识培训、文化素养培训以及技能训练的培训
期望培训时间	2009-10-22
期望培训人	李明

附表 33 培训计划

项目	基本信息
培训计划名称	党政培训
培训单位	新安市党校
培训需求	党政培训
培训内容	对部门新进人员进行政治理论培训、职业道德培训、政策法规培训、业务知识培训、文化素养培训以及技能训练的培训
培训开始时间	2009-10-22
培训结束时间	2009-10-31

附表 34 培训日程

项目	基本信息
日程内容	对部门新进人员进行政治理论培训、职业道德培训、政策法规培训、业务知识培训、文化素养培训以及技能训练的培训
计划开始时间	2009-10-22
计划结束时间	2009-10-31
实际开始时间	2009-10-22
实际结束时间	2009-10-31
应出席人数	10 人
实际出席人数	10 人
日程总结	完成

附表 35 培训费用

项目	基本信息
费用名称	培训费用
培训计划名称	党政培训
费用类型	培训费用
费用金额	1000 元

附表 36 培训效果评估

项目	基本信息
评估模型	柯氏评估模型
评估内容	反应层、学习层、行为层、效果层评估
评估实际	效果显著

B7 考勤管理

附表 37、附表 38、附表 39、附表 40 依次呈现了本次实验需要添加的班次、加班申请、请假申请、考勤类型实验需要的数据。

附表 37　班次

项目	基本信息
班次名称	秋冬工作时间
时段一	8:30—12:00
时段二	13:30—17:00
时段三	
每天工作时间	7 小时

附表 38　加班申请

项目	基本信息
加班申请名称	张玲 10.22
加班人员	张玲
申请人	李晓
计划开始时间	2009-10-22
计划结束时间	2009-10-22
计划时数	2 小时
申请日期	2009-10-22
事由	项目紧急
加班内容	完成项目相关

附表 39　请假申请

项目	基本信息
请假申请名称	吴兵病假
请假人员	吴兵
申请人	李晓
计划开始时间	2009-10-22
计划结束时间	2009-10-22
计划时数	4 小时
申请日期	2009-10-22
请假类型	病假
事由	病假

附表 40　考勤类型

项目	基本信息
助记符	JBBX
考勤类型名称	加班补休
考勤符号类型	用户自定义
符号	（自选）
说明	加班补休

B8 绩效考核

附表 41 介绍 360 考核法这一考核方法。

附表 41 考核方法

项目	基本信息
考核方法名称	360 考核法
考核方法简介	360 考核法，又称全方位考核法或多源考核法，是一种综合性的绩效考核方法，它通过收集与被考核者发生工作关系的多方主体（包括上级、同事、下属、客户以及被考核者本人）的反馈信息，对被考核者进行全方位、多维度的绩效评估，旨在提高考核的准确性和公正性，从而促进员工和组织的共同发展。此方法适用于企业中层以上的人员，以及需要多维度评价的岗位。然而，实施 360 考核法也需要考虑到可能存在的问题，如考核成本高、培训工作难度大等，因此在实施前需要进行充分的准备和规划。

B9 奖惩管理

奖励申请相关实验数据如附表 42 所示。

附表 42 奖励申请

项目	基本信息
奖励申请名称	考核奖励
员工姓名	张玲
奖励类型	表扬
奖励说明	考核成绩优秀，予以奖励

B10 保险与福利管理

保险基数管理相关实验数据如附表 43 所示，保险比例相关实验数据如附表 44 所示，福利项目添加相关实验数据如附表 45 所示，医疗报销申请相关实验数据如附表 46 所示。

附表 43 保险基数管理

项目	基本信息
所在城市	新安
社保基数最低值	1455 元
社保基数最高值	9042 元
公积金基数最低值	850 元
公积金基数最高值	8900 元

附表 44 保险比例

项目	基本信息
所在城市	新安
养老保险公司缴纳比例	2.0%
养老保险个人缴纳比例	8.0%
医疗保险公司缴纳比例	8.5%
医疗保险个人缴纳比例	2.0%

续表

项目	基本信息
工伤保险公司缴纳比例	0.4%
工伤保险个人缴纳比例	0.0%
失业保险公司缴纳比例	1.0%
失业保险个人缴纳比例	1.0%
生育保险公司缴纳比例	0.7%
生育保险个人缴纳比例	0.0%
公积金公司缴纳比例	10.0%
公积金个人缴纳比例	10.0%

附表 45 福利项目添加

项目	基本信息
福利项目名称	计划生育补贴
福利项目解释	计划生育补贴

附表 46 医疗报销申请

项目	基本信息
医疗报销申请名称	计划生育手术
医疗报销项目名称	医疗费
医疗费用	1000 元
医疗明细	计划生育所需手术的费用

B11 薪酬管理

薪酬项目相关实验数据如附表 47 所示。

附表 47 薪酬项目

项目	基本信息
薪酬项目名称	职工教育经费
薪酬类型	其他支付
缩写名	JYJF
发薪批次	1
是否自动计算	否
是否使用	是
是否与成本相关	是
计税方式	税前
最大值	10 000
最小值	2 000
四舍五入	0.5→1,0.4→0
表达式	
说明	职工教育经费

后　　记

　　本教材试图为读者提供一份全面而系统的人力资源管理实训指南，希望能够帮助读者更好地理解和应用人力资源管理的理论知识，提升自身的实践能力。

　　在编写教材的过程中，编写团队深入研究了人力资源管理的特点和实践需求，结合了国内外相关领域的最新研究成果和实践经验，力求将最新的理论成果与实际操作相结合，为读者提供一份既有理论深度又具有实践指导意义的教材。

　　我们深知教材只是学习的起点，真正的学习在于实践。因此，本教材特别强调实验的重要性，希望通过实践操作，读者能够更深入地理解和掌握人力资源管理的核心概念和方法。我们相信，只有通过不断地实践，才能够真正提升自身的实践能力和解决问题的能力。

　　在这里，对参与编写和出版本教材的所有团队成员和编辑人员表示由衷的感谢，正是他们的辛勤劳动和无私奉献，才使得本教材得以出版。同时，也感谢所有阅读和使用本教材的读者们，是你们的支持和反馈，让我们不断完善这本教材。

　　本教材难免存在不足之处，恳请大家在使用过程中发现问题并及时向我们反馈，帮助我们完善此书。

　　最后，希望这本教材能够成为读者学习和工作中的得力助手，帮助读者更好地理解和应用人力资源管理的知识，提升自身的实践能力，为人力资源管理工作贡献自己的一份力量。

　　祝愿大家阅读愉快，学有所获！